Эта книга принадлежит

_____

Контакты владельца

_____

Инна Кузнецова

Вверх!

Практический подход к карьерному росту

Издательство «Манн, Иванов и Фербер»

Москва, 2011

УДК 658
ББК 65.291
    К89

Кузнецова, И. А.

К89   Вверх! Практический подход к карьерному росту / Инна Кузнецова. — М. : Манн, Иванов и Фербер, 2011. — 240 с.

ISBN 978-5-91657-144-8

Что для меня важно в жизни? Какая работа мне интересна? На какой ступени корпоративной иерархии я себя лучше всего представляю? Эти вопросы задают себе многие. Но не все задумываются, что конкретно нужно сделать, чтобы оказаться на нужной должности. Чему научиться, за какие проекты браться, как общаться с подчиненными и руководителями, с кем завести полезное знакомство... Особенно запутанным может оказаться путь наверх в крупной международной корпорации. Но автор этой книги, вице-президент компании IBM, сумела быстро пройти его и теперь делится своим опытом.

Книга принесет наибольшую пользу тем, кто стремится к планомерному карьерному росту.

УДК 658

ББК 65.291

Оглавление

От издателей

Как справедливо замечает автор этой книги, карьера — это не просто способ зарабатывания денег (хотя советы, как увеличить доходы, издавна вызывают интерес). Для многих это путь самовыражения, самоидентификации, поиск своего места в жизни. Мы проводим на работе большую часть своего времени, так что желание увеличить отдачу и удовлетворение от нее абсолютно естественно.

Книг о том, как построить карьеру в крупной международной корпорации, на российском книжном рынке, в отличие от западного, пока немного, поскольку россиян, добившихся высоких постов в таких организациях, очень мало, и еще меньшее их число готово писать книги на эту тему. К тому же в России фактически отсутствует институт менторства (о том, что это такое, вы прочитаете подробно в 6-й главе этой книги), так что возможность вовремя получить совет по грамотному построению карьеры еще более уменьшается.

Данная книга, написанная русским вице-президентом штаб-квартиры IBM, призвана восполнить этот пробел: автор подробно описывает свой путь «наверх». Особенно ценны наблюдения и советы, связанные с особенностями российского менталитета в условиях западного бизнеса.

Мы желаем вам столь же успешного личностного и карьерного роста.

Издатели

От автора

Моя первая работа научила меня очень быстро есть. Я переводила переговоры в голодные перестроечные годы. Собеседники говорили и ели по очереди, а мне приходилось переводить непрерывно, так что до сих пор я не могу отучиться от привычки быстро заглатывать любую, даже самую изысканную еду. Следующая работа научила меня справляться с целой аудиторией усталых взрослых людей: я вела математический анализ на географическом факультете МГУ последней «парой», когда за окном было уже темно, шел дождь, а вся дорога вокруг здания университета была покрыта мокрыми опавшими листьями. Мы пускали кленовый листок по рядам, и все желающие писали на нем вопросы и шутки.

В 1993 году, когда аспирантский заработок сравнялся со стоимостью килограмма помидоров, а один из доцентов стал мне платить за то, что я вела вместо него семинары, пока он раскручивал бизнес по торговле сахаром, я ушла из академической среды. Моя следующая работа была в IBM. А с 1996 года я живу в Америке — оказалось, что строить карьеру в большой корпорации можно, меняя континенты, страны, дисциплины, должности и технологии.

Я начинала свою работу в США в качестве руководителя операций одного из дивизионов на развивающихся рынках, позднее переключилась и на другие области, сопряженные с быстро растущим или новым бизнесом. В 2006 году я заняла должность директора стратегии и маркетинга

UNIX-серверов IBM Power Systems, через год возглавила бизнес IBM в области Linux и параллельно, но независимо от этого — один из отделов слияния компаний. В конце 2009-го я стала вице-президентом по маркетингу и продажам системного программного обеспечения. В этой роли я отвечаю за запуск нового стратегического бизнеса IBM и изменения модели продаж в дивизионе аппаратных средств.

Конечно, каждая последующая работа учила меня чему-то новому: запускать измеримые маркетинговые кампании более чем в ста странах, рекомендовать компании к покупке, выступать перед аудиторией, строить отношения с аналитиками и прессой, определять структуру нового подразделения и руководить крупной организацией. Но ни в 1996 году, ни позже я не думала о карьере как таковой. Как и многие люди на ранних стадиях карьерной лестницы, я еще не разделяла работу, будь то запуск маркетинговых компаний или заключение партнерских соглашений, и процесс планирования своего собственного продвижения по уровням управленческой иерархии. Я не задумывалась над тем, какое место выбрать следующим и как его получить, как приобрести необходимые для него навыки, как строить отношения с руководителями, коллегами и подчиненными.

Однако независимо от того, чем человек занимается в компании — финансами, продажами, разработками, производством или маркетингом, — ему стоит задуматься, на какой уровень он хочет выйти в течение следующих пятидесяти лет. Поставив задачу, он может наметить поэтапный план: какие работы могут привести к желаемой цели, чему надо научиться и какие результаты продемонстрировать, чтобы одну из них получить, каким образом можно перейти на одну из таких позиций.

Эта книга не относится к числу учебников или сборников теоретических советов, следуя которым вы гарантированно добьетесь успеха. Это попытка осмыслить и озвучить собственный опыт построения карьеры в крупной американской компании в надежде, что он может быть полезен другим. Моя книга будет особенно интересна тем, кто строит карьеру в бизнес-областях (маркетинг, финансы, продажи, слияния компаний и т. п.) в крупных американских и европейских компаниях, как в их российских филиалах, так и за рубежом. Многие советы могут быть актуальны и для более широкой аудитории — всем, кому приходится проводить или проходить интервью при приеме на работу, строить сеть контактов в индустрии, сталкиваться с «трудными» коллегами и начальниками или задумываться о получении степени МВА.

Глава 1

«Моя слабость — шоколад»: интервью при приеме на работу

> — Киса, я давно хотел вас спросить как художник художника — вы рисовать умеете?
>
> *И. Ильф, Е. Петров. Двенадцать стульев*

Второго февраля 2006 года сурок Фил не увидел своей тени, пообещав нам, в соответствии с американской приметой, еще шесть недель зимы. К тому времени я лишь несколько недель как встала на горные лыжи и проводила все выходные на склонах, так что на радостях была готова послать Филу в подарок маску и темные очки. В тот день, приехав в терминал Дельты в аэропорту Джона Кеннеди для прохождения интервью на свою первую директорскую позицию, я, как герой фильма «День сурка», переживала дежавю: уже третий человек спрашивал меня, чей я эскорт.

Как во всякой крупной компании, в IBM существует своя внутренняя сетка званий. Именно положением в ней определяется возможность занять те или иные должности. И именно звание, а не количество людей или отделов в подчинении, определяет серьезность решений, которые человеку доверяют, размер его финансовой подписи, степень ответственности и возможность представлять компанию в разных ситуациях. Несколько верхних уровней выделены в так называемый ранг экзекьютив и представляют своего рода «офицерский состав». Я ждала перехода в эту группу несколько лет. Повышений было мало: в годы, наступившие после интернет-бума, список потенциальных лидеров явно превышал количество свободных позиций. То, что новый вице-президент, возглавившая подразделение, вдруг порекомендовала меня П., явилось настоящим прорывом, разрешавшим целый круг проблем. Поэтому с интервью в аэропорту Кеннеди я связывала большие надежды.

У первого барьера охраны меня спросили, чей я эскорт. Очень недовольная дама три раза перевернула мои права, повертела талон, видимо, искала, где написано слово «шпион», но пропустила. Тот же вопрос мне задали и у металлоискателей. Оказалось, что встречи в зоне бизнес-класса назначают редко, а безрейсовыми талонами в основном пользуются для встречи VIP'ов.

Первый вопрос, которым меня ошарашил П., как только меня проводили к нему в переговорную и представили, был несколько необычным. Хотя и очень важным: П. всегда любил сразу переходить к сути дела:

— Так что для вас важно в жизни?

Собственно, больше он ни о чем и не спросил — видимо, ответ его вполне устроил. В дальнейшем я узнала, что П. детально проверял рекомендации своего ведущего кандидата еще до интервью. Мы беседовали почти два часа о тех изменениях, которые он собирается внести в стратегию дивизиона, и о том, чем я могу в этом помочь. Зима в 2006 году продлилась почти до моего объявления на новой позиции в конце марта, как и предсказал сурок Фил.

В то время как выбор сотрудников на работы, связанные с повышением внутри компании, часто основан на рекомендациях и личной истории, при переходе на новое место, как правило, приходится проходить интервью. Для людей, ориентированных на карьеру в области управления, с ним связано два аспекта. Как лучше построить стратегию прохождения интервью и как, став начальником, наиболее эффективно отбирать кандидатов? На самом деле нет лучше способа научиться хорошо проходить интервью, чем понять мотивы действий и причины вопросов интервьюера. Потому что за простыми вопросами может стоять серьезная попытка разобраться в ваших предпочтениях и пристрастиях и сделать на их основе выводы о том, подходите ли вы на данное место, впишетесь ли вы в команду. Поэтому я начну рассказ об интервью именно с позиции интервьюирующей стороны, так сказать, с описания «внутренней кухни». Поняв ее, вы сможете строить свою стратегию ответов более эффективно. А во второй части этой главы мы поговорим о некоторых особенностях интервью уже с точки зрения поступающего на работу, что следует и не следует говорить, какие шаги предпринимать после собеседования и как поступить, если в конечном счете выбрали не вас.

Рекомендации надежнее интервью

Для начала замечу, что универсальной методики подбора людей нет: она очень сильно зависит от вида заданий, уровня квалификации, профессии и множества иных факторов. Известно, что в вопросах отбора специалистов на интервью большинство руководителей считают себя проницательными выше среднего. Но в действительности статистика, с которой я познакомилась во время получения степени MBA в Колумбийском университете, свидетельствует: средняя эффективность интервью в предсказании последующей успешности кандидата — 7%. Худшие результаты дает только графологическая экспертиза.

Как показал мой собственный опыт, один из самых надежных способов — проверка истории кандидата по рекомендациям. Однако он тоже не идеален. Во-первых, люди меняются, работают над своими прежними недостатками. Во-вторых, многое в их поведении будет зависеть от того, как сложатся отношения на новом месте, каковы требования начальника, насколько хорошо они владеют материалом или, наоборот, будут вынуждены учить его с нуля. Коллеги и предыдущие руководители, выбранные кандидатом для предоставления рекомендаций, — как правило, те, с кем у него все сложилось хорошо и гладко, а значит, они расскажут только часть истории. Более полная картина складывается, если поговорить с последними начальниками соискателя, как это делал П. в моем случае, но, к сожалению, такая возможность есть не всегда.

Сам стиль интервью, естественно, сильно зависит от характера будущей работы. Есть виды деятельности, где легко на месте проверить профессиональные навыки (например, умение писать код), особенно если они являются главным фактором отбора. Конечно, если программист легко находит общий язык с другими сотрудниками и умеет внятно излагать свои мысли, это прекрасно. Но главное, чтобы он был в состоянии написать хороший код. Поэтому лучше сначала убедиться в том, что он или она умеет это делать, а не задавать клишированные вопросы из серии «расскажите о своих слабостях». По-настоящему сильный специалист вполне может ответить: «Моя главная слабость — шоколад» — и уйти восвояси. И, скорее всего, найдет работу у руководителя, уважающего его и не задающего тривиальных клишированных вопросов.

Однако есть области, где в процессе интервьюирования можно установить только степень общего знания предмета, как, например, знакомство с рынком Linux или системного программного обеспечения, но нельзя проверить квалификацию соискателя путем тестов и задач. Например, разработка стратегии требует умения мыслить логически, анализировать действия партнеров и конкурентов, координировать работу людей из разных отделов, нивелировать противоречия при выработке общего решения. Эти навыки нельзя проверить тестами, для их оценки используют так называемое поведенческое интервью, основанное на предположении, что история прошлых событий лучше всего демонстрирует, как человек поведет себя в той или иной ситуации.

Поведенческое интервью

Как ни трудно предсказать поведение человека в тех или иных условиях в будущем, его реакция и выбор в похожих обстоятельствах в прошлом являются наилучшим индикатором. Не все понимают, что во время собеседования даже самые невинные вопросы часто задаются с определенной целью: интервьюер пытается узнать, как вы думаете, рассуждаете, насколько рефлективны и самокритичны, в чем регулярно ошибаетесь, что вас вдохновляет и мотивирует, как вы вели себя в определенных обстоятельствах, — а значит, как поведете в будущем. Поэтому прежде всего стоит задуматься, почему возник тот или иной вопрос, и попытаться в своем ответе акцентировать внимание на качествах, которые, с вашей точки зрения, важны для данной работы. В той же мере это относится, кстати, и к резюме: иногда стоит подумать, с какой целью там фигурируют некоторые хобби (например, предпочтение командных видов спорта часто свойственно тем, кто хорошо работает в группе) и, главное, что именно подчеркивается в графах «Опыт» и «Результаты».

Я всегда начинаю интервью с того, что подробно рассказываю о нашей организации и своих требованиях к нанимаемому специалисту. Отчасти, чтобы дать человеку немного расслабиться, привыкнуть к моему акценту. Но главное, чтобы сигнализировать интервьюируемому, что я рассчитываю в нем найти и какие качества ему стоит продемонстрировать в ответах на мои вопросы. При этом речь идет не только о знаниях соответствующих дисциплин или рынков, но и об умении работать в «матричной» структуре, думать, анализировать, учиться на своих ошибках. Последние качества относятся к ряду общих профессиональных навыков, подразумевающихся при найме, но не оговариваемых в описании работы.

Например, я часто прошу рассказать о проекте (кампании, стратегии, программе), которым человек гордится, и о том, почему, по его мнению, именно эта инициатива была успешной. Это хороший тест на привычку устанавливать объективные критерии и цели в процессе составления планов, следить за количественными показателями и оперативно вносить те или иные изменения в случае отклонения от первоначального плана. Потом я спрашиваю, что кандидат сделал бы по-другому, если бы пришлось осуществить проект заново. В этом случае меня не очень волнует суть программы: важно, чтобы мне в нескольких фразах изложили главное, а не рассказывали полчаса о малозначительных деталях. Важно понять, осознает ли человек, как результаты его работы влияют на бизнес в целом, что в ней важно, а чем можно пренебречь, способен ли кандидат быстро внести изменения в уже осуществляемый проект, если его изначальные предположения не подтвердились на практике. А самое важное, в состоянии ли интервьюируемый анализировать свои действия, самостоятельно делать выводы, умеет ли он «думать на ходу» — в частности, может ли ответить на вопрос «Что бы вы сделали по-другому?».

Например, однажды, когда я попросила описать успешный проект, женщина, которую я интервьюировала, стала рассказывать, как двадцать лет назад они с коллегами наняли автобус и ездили на нем по стране, демонстрируя продукт в разных городах. Как я ни пыталась остановить словесный поток, мне пришлось услышать и про цвет автобуса, и про то, как было организовано расписание, и как было интересно путешествовать по разным штатам. С трудом вклинившись в паузу, я поинтересовалась, почему она считала проект успешным. Потому что она получила от него удовольствие. Ни данных о реальном повышении продаж, ни о количестве упоминаний в прессе или еще каких-либо реальных результатах этой инициативы для бизнеса она рассказать не могла, равно как и привести менее давние примеры хороших проектов. Но зато она твердо знала, что, случись ей делать такой же проект, она повторила бы его в точности. Нетрудно догадаться, что на работу, связанную с планированием и запуском маркетинговых кампаний, я взяла другого человека.

Отвечая на вопрос о том, что он сделал бы по-другому, он честно сказал, что упустил возможность при планировании своей кампании продаж привлечь соседний отдел. Это позволило бы не только увеличить сбыт за счет расширения корзины покупки, но и увеличило бы размах программы за счет дополнительного финансирования. Он добился прекрасных результатов у меня в отделе, а сегодня, девять лет спустя, является главой маркетинга прибыльной и быстро растущей IT-компании.

Я знаю руководителей, специально создающих элемент напряжения в ходе интервью, чтобы проверить, как кандидат ведет себя в условиях стресса. Например, один очень приятный в совместной работе человек говорит с порога:

— Я вообще считаю, что всех маркетологов надо уволить
к черту. Все равно от них толку нет. А потом, если понадо-
бятся, по одному нанимать и смотреть, какая от них будет
польза.

При этом интервьюер прекрасно понимает необходимость грамотной работы службы маркетинга по привлечению и удержанию заказчиков для процесса продаж. Он
просто хочет посмотреть на поведение нового кандидата:
будет ли тот спорить или сникнет, какие аргументы приведет в подкрепление своей точки зрения, насколько уверен
в своих силах и умеет ли перекинуть мостик между своей
и чужой позицией. К такому повороту событий в ходе интервью тоже надо быть готовым.

Лично я подобного не делаю просто потому, что пережи-
ваю за людей, которые ищут работу, а значит, нервничают
и без искусственно созданного стресса. Однако определенная логика в таком подходе есть, особенно если позиция
требует быстрого принятия решений, умения действовать
в напряженной обстановке и улаживать конфликтные ситуации.

На фразу об увольнении маркетологов, например, другой
мой коллега ответил:

— Я полностью согласен, что маркетинговые кампании,
не имеющие заранее заданных, строгих и измеримых критериев, приносят весьма ограниченную пользу. Мой подход
заключается в том, чтобы поставить цель в виде увеличения
выручки еще до начала кампании и убедиться, что между
существующим бизнесом и новой программой проведена
достаточно четкая граница. В этом случае я могу сказать,
какую реальную пользу принесла та или иная программа.

Он привел конкретный пример с цифрами, после чего получил работу и связанное с ней повышение.

Еще один пример вопроса из «поведенческой» модели.
Я прошу кандидата вспомнить проект, похожий на один

из тех, которыми он рассчитывает заниматься у меня. Например, запуск маркетинговой кампании для нового рынка. И интересуюсь, что было наиболее сложным в его осуществлении, как кандидат эти сложности преодолевал, что ему удалось сделать, а что нет. При этом сразу становится понятен взгляд человека на сложившуюся ситуацию. Видит ли он за «неудобным» поведением коллеги конфликт интересов департаментов? Пытался ли самостоятельно уладить конфликт или побежал к начальству? Отступил ли кандидат при появлении проблем или привлек неожиданных союзников и нашел выход из сложившейся ситуации?

Дополнительные факторы отбора

Со временем я пришла к выводу, что почти всегда предпочтительнее нанять не того, кто лучше подходит под «требования момента», а того, кто умен, хорошо мыслит, адекватен в общении, амбициозен и, главное, в прошлом стабильно добивался хороших результатов и регулярно осваивал новые области. Я скорее возьму такого «чемпиона» с пониманием, что ему придется подучиться, чем того, кто делал ровно то, чего требует данная позиция, но качествами новатора не обладает. Человек с историей одержанных побед и хорошим послужным списком будет стараться и на новом рабочем месте — потому что привык это делать. Он потратит лишнее время и силы, чтобы закрыть пробелы в своих знаниях, будет стремиться проявить себя, а значит, скорее всего, добьется результатов и не успокоится, пока их не получит. И главное, он не просто выучит то, что ему необходимо сегодня для успешной работы, но будет продолжать это делать, даже если миссия отдела несколько изменится. Последнее часто случается в корпоративной жизни — например, группа, которая вела маркетинговые программы для Life Sciences, может расшириться до покрытия всех внутренних стартапов.

С некоторых пор я стала всегда проверять послужной список кандидата на работу, беседуя с его бывшими коллегами и начальниками. Понятно, что выбранные самим кандидатом для предоставления рекомендаций люди, как говорилось выше, имеют с ним хорошие отношения и всегда готовы дать положительные отзывы. Тем не менее, поговорив о сильных сторонах соискателя, я обычно спрашиваю, в какой области человеку следует расти, прибавляя, что все мы не идеальны. Понятно, что слабые стороны найдутся у каждого (их не может не быть!), но лучше знать, чего ожидать и насколько я готова с ними мириться.

Нюанс, который я поняла не сразу, заключается в том, что очень часто коллегам и начальнику один и тот же человек видится по-разному. Я встречала кандидатов, у которых не складывались отношения с их прежними руководителями, но были прекрасные рекомендации от коллег. Одни из них виделись товарищам по работе милыми и приятными, а их начальники считали, что те не проявляли должной твердости в переговорах, легко сдавали позиции, не отстаивали точку зрения там, где следовало, и вообще норовили «не раскачивать лодку» и их проекты почти не двигались вперед. Другие копировали чужие планы и работу. Третьи отнимали у своего руководителя много времени, о чем их коллеги не могли знать. Поэтому я всегда прошу, чтобы среди отзывов был и отзыв руководителя (если нынешний почему-либо не подходит, то одного из предыдущих).

Еще один важный фактор — это размер и качество сети знакомств кандидата. Умеет ли он или она пользоваться ею в бизнесе? Это может не иметь значения для тестировщика программного обеспечения, но тот, кто работает над стратегией на рынке, в маркетинге или над слиянием компаний, должен иметь хорошую «экосистему». Широкие связи внутри и вне компании позволяют быстро получить консультацию, пролоббировать нужное решение на разных уровнях или внедрить изменения в компании с горизонтальной системой взаимодействия, где решения не носят вертикально-приказного порядка. Как правило, по широте и уровню сети знакомств можно во многом судить о заслугах и перспективах человека, двигающегося по лестнице управления.

Надеюсь, эти наблюдения помогут не только тем, кто нанимает на работу, но и тем, кто собирается на интервью. Задумайтесь о причинах невинного, казалось бы, вопроса о том, кого вы знаете в дивизионе или какие виды спорта предпочитаете, и вы сможете улучшить представление о степени вашего соответствия требуемой позиции.

Продолжая разговор уже с точки зрения поступающего на работу, поговорим о дополнительных деталях вашей стратегии.

Чего не стоит говорить на интервью

Конечно, никто не ждет, что вы расскажете на интервью о том, как не сошлись характерами с тремя предыдущими начальниками. Много статей написано о том, что обсуждение вопроса о размере зарплаты лучше оттянуть до финальной стадии процесса найма, когда наниматель уже выбрал вас в качестве лучшего кандидата, а значит, понимает, за что стоит доплатить. В большинстве случаев начальник не захочет начинать процесс снова или остановиться на худшем кандидате лишь потому, что он хочет меньше за свою работу. И уж конечно, все знают, что не стоит приходить на интервью с котом, в грязной рубашке, опаздывать, ковырять в носу или вдаваться в детали личной жизни. Тем не менее хочется упомянуть о менее очевидных моментах.

Мне довольно часто доводилось нанимать людей «на стыке» бизнеса и IT. Как правило, одни кандидаты бывают сильнее в технологической части, а другие — в бизнесе. У всех есть более сильные и более слабые стороны, например, нехватка опыта в одной из категорий, необходимых для этой позиции. Одни просто скажут: к сожалению, я с этим не работал, но готов активно учиться и осваивать. Другие начинают уверять, что не знают Linux, но у племянника на ноутбуке стоит Ubuntu, а через месяц они и сами выучат с нуля программирование и перепишут пол-ядра. Первые у меня вызывают гораздо больше уважения, потому что знают границы своей квалификации и не пытаются меня обмануть. Доверие к человеку — в том числе в объективной оценке своих возможностей и навыков, — равно как уважение к интеллекту и времени руководителя, являются для меня важными факторами отбора. Есть вещи, которые можно освоить быстро, а есть области, требующие обучения в течение нескольких лет — будьте честны и реалистичны.

По вопросам соискателя, задаваемым в конце интервью, часто видно, действительно ли человек заинтересовался темой или просто прочитал в книжках о прохождении интервью, что в конце разговора надо продемонстрировать интерес к делу, и спрашивает то, что можно легко узнать из открытых источников. Это не всегда окончательно убивает желание с ним работать, но отрицательно влияет на общее впечатление, показывая отсутствие реального интереса и «домашней работы». Я скорее поверю, что кандидат, спросивший о деталях — скажем, как мы взаимодействуем с отделом разработок, — серьезнее в своих намерениях, чем тот, кто спросит, продает ли IBM свой коммерческий дистрибутив Linux. Ответ на последний вопрос может быть легко найден на нашем веб-сайте или в многочисленных интервью, опубликованных в Интернете.

Кроме того, лично на меня очень плохо действует само-восхваление, частое повторение, что, дескать, я прекрасно, замечательно, потрясающе могу это делать. Один раз ска-зать можно, два — уже много.

Я приехала в Америку за пару дней до Рождества: работа мужа тре-бовала переезда в другую страну. Моя виза не давала мне права на работу — только на нахождение в стране. Неудивительно, что три не-дели дома окончательно подавили мое смущение и неумение говорить по телефону. Уже через пару дней после Нового года, встреченного вдвоем в восьмиметровой манхэттенской квартирке на полу по причине отсутствия стола, я обзвонила всех знакомых. Включая и некоего Билла, рекомендованного американским коллегой в Москве. На мое счастье (так как другого опыта я предложить не могла), интерес к развиваю-щимся рынкам в девяносто седьмом году был относительно высок.

Мне пришлось ехать на поезде, мои российские права были уже не-действительны в Нью-Йорке, а запись на сдачу на местное водительское удостоверение шла за четыре месяца. Штаб-квартира IBM находилась в нескольких милях от станции. Вызванное к поезду такси не пришло, мобильного телефона у меня тогда не было, промокнув в своих един-ственных парадных туфлях в снежной каше, я искала телефон-автомат, созванивалась с секретаршей и переносила время. На интервью я при-была уже в несколько взъерошенном состоянии.

— У меня сидит целый отдел специалистов по международному бизне-су, — сказал Билл. — Что такого ты знаешь про развивающиеся рынки, чего не знают они?

Прикинув, что именно мы долго не могли объяснить иностранным кол-легам, я рассказала ему про растаможку и нюансы налогообложения при поставке оборудования для освобожденных от НДС юридических лиц. То, что, по сути, знал в России любой работник, специализирую-щийся на продажах иностранной продукции и хоть пару раз заклю-чивший контракт с бюджетниками и академическими структурами. На американцев, не знакомых с проблемой таможенной очистки, это произвело впечатление.

Но главное, откуда мне было знать, что основной причиной, по которой пришлось создать саму позицию, на которую меня интервьюировали, были долгие попытки отправить мейнфрейм в Китай. Это был списанный, ста-рый сервер в подарок Пекинскому университету для обучения студентов, обещанный вице-президентом дивизиона во время очередного визита. Китайская таможня затребовала пошлину в три годовых маркетинговых бюджета, рассчитав ее по цене нового сервера. Через пару месяцев вице-президент счел, что поиск решения этой и похожих проблем отвлекает от работы слишком многих сотрудников: наймите же кого-нибудь, кто с этим справится. За рекомендацией обратились к Биллу.

Через десять минут Билл созвал весь свой отдел в кабинет слушать лекцию. А еще через два месяца, как только пришла моя рабочая виза, спонсированная IBM (в США ряд виз с правом на работу «привязаны» к работодателю), я стала руководителем операций на развивающихся рынках в одном из подразделений компании. Правда, титул был гораздо громче обязанностей. Основное, что от меня требовалось, — это избавить своего начальника от решения проблем, связанных с Китаем, Индией, Бразилией, Юго-Восточной Азией, Восточной Европой, а в остальное время пытаться ускорить рост продаж в этих регионах. Пока оформлялся мой новый иммиграционный статус, за день до моей первой рабочей недели, Билл вышел на пенсию. Я так и не успела поблагодарить его за доброе дело, изменившее всю мою жизнь.

Кстати, проблему поставки мейнфрейма в Пекин я решила, разыскав в конце концов не говорящего по-английски китайца, отвечающего за работу с таможней. В течение полутора часов через переводчика я дотошно расспрашивала его о нюансах законодательства. И оказалась первым представителем штаб-квартиры, позвонившим ему, а не начальнику подразделения, американцу, после того как узнала у пары местных специалистов по продажам, к кому из отдела доставки они пошли бы с вопросами по растаможке. Обращаться напрямую к специалисту — верный способ получить развернутый ответ, с нюансами и исключениями. Тем не менее американских коллег этот шаг удивил, потому что прохождение таможни в Америке не требует времени и усилий, там нет привычки решать подобные проблемы или звонить экспертам и углубляться в детали. Зато с чувством юмора в американском офисе было гораздо лучше. Наше с начальником предложение тому самому обещавшему мейнфрейм вице-президенту имело две части: «Удаление зуба с анестезией» (способ решения проблемы со значительными затратами) и «То же — без анестезии» (с очень большими затратами денег, то есть болезненнее для бюджета, но быстрее). На этот раз пришла моя очередь удивляться. Использование смешных рабочих названий сценариев в докладной крупному начальнику плохо вязалось с более бюрократичным и чопорным стилем делового общения в России.

После интервью

В феврале 1993 года я пришла на интервью в представительство компании IBM в Москве. Мой основной опыт работы заключался в преподавании математического анализа студентам МГУ и переводах с английского — основного заработка в голодные годы перестройки. Волка ноги кормят — переводы надо было искать, напоминать о себе потенциальным работодателям, не пропадать из виду. Так что, когда мой будущий начальник Г. велел «ожидать решения через две недели», я ничуть не сомневалась в том, что мне оно нужно больше, чем ему, — и как можно скорее, — а потому на четырнадцатый день, переборов страх и смущение, позвонила его секретарю. Впоследствии коллега рассказывал, что произошло тогда в офисе. Начальник удовлетворенно кивнул, велел помощнице назначить мне финальное интервью у генерального директора… и обзвонить остальных кандидатов с отказом. На место претендовали 14 человек — все с IT-образованием, пришедшие по рекомендациям сотрудников и прекрасно говорившие по-английски. Представительств иностранных компаний тогда в Москве было мало, и платили они такую высокую зарплату в валюте, что мне неудобно было называть ее родителям.

Выбор Г. объяснялся тем, что он искал человека, способного продавать и добиваться своего, и значит, не ждать, а действовать. Мой звонок решил больше, чем поведенческое интервью, так как продемонстрировал ему это качество. Конечно, это не значит, что вы должны преследовать нанимателя, но напоминать о себе и вашем желании получить эту должность всегда стоит. Кандидат, энергично добивающийся работы, как минимум способен активно приближать желаемое — на новом рабочем месте ему лишь необходимо приложить те же усилия в нужном направлении. Поэтому, вернувшись домой после беседы, шлите электронное письмо с благодарностью за интервью, подтверждающее ваше желание получить место. И звоните или пишите пару недель спустя, чтобы напомнить о себе и о том, что ваше намерение не угасло. «Залинкуйтесь» с начальником в LinkedIn или в Facebook. Он или она может не принять предложение о линке, но если примет, то как минимум ваша сеть знакомств и связей расширится на одного потенциального нанимателя. А в идеале вы сможете поддерживать контакт более регулярно и предметно — посоветовать интересную статью или поздравить с хорошим интервью в прессе, заодно напомнив о своем существовании.

Как-то мы беседовали о подборе персонала с однокурсником по MBA, старшим пилотом United. Он очень хорошо выразил свою мысль по поводу финального этапа выбора кандидата на позицию:

— В конце из длинного списка остается пара человек, у которых примерно одинаковое количество часов вылетов, лет выслуги и формальных навыков. Окончательный выбор определяется тем, кому ты больше доверяешь в кресле второго пилота и с кем можешь провести восемь часов в кабине.

Может случиться, что вы были отличным кандидатом, но в качестве «второго пилота» лучше подошел кто-то другой: совместимость всегда играет определенную роль в финальном выборе. Лучший совет, который можно дать в таких случаях, — не расстраиваться и продолжать поиски работы. Если же ситуация повторяется, то имеет смысл посоветоваться с более опытными людьми, которым вы доверяете, о том, чем она может быть вызвана. Возможно, есть что-то поправимое: акцент, который трудно понять; привычка слишком много говорить; использование клише, которые вызывают у руководителя недоверие. Может быть, вы выбираете позиции, для которых у вас не хватает практического опыта, и стоит попытаться его получить, взяв дополнительный проект. Не исключено, что вы недооцениваете значение сети знакомств и рекомендаций. Стоит потратить время и усилия, чтобы познакомиться поближе с людьми, которые могут объяснить, почему вы продолжаете оставаться «вторым в списке» на очередную позицию, дать совет и порой даже порекомендовать вас нанимающему на работу. В конце концов, как поется в старой песенке, «кто ищет, тот всегда найдет».

Глава 2

Сон по воскресеньям: баланс между работой и личной жизнью

Американская звезда тележурналистики Барбара Уолтерс пишет в своих мемуарах, что, когда ей говорят: «Я хочу быть вами», она отвечает: «В таком случае вы получите весь пакет в целом».

Мой «пакет в целом» включает телефонные выступления в два часа ночи и в пять утра — в зависимости от того, в каком часовом поясе относительно Нью-Йорка я оказалась. Собственный день рождения, проведенный в другом штате во главе переговорной группы за шестичасовыми дебатами. Звонок из отпуска, пока друзья-лыжники видят в седьмых снах «черные» склоны. Гольф с заказчиками в офисные часы и рабочие звонки в выходные. Близкое знакомство с CEO и высшим руководством ряда крупных компаний. Регулярный джет-лэг и осмотр индийских или японских храмов в шесть утра, чтобы к девяти уже быть на встрече. Я побывала фактически во всех европейских столицах и многих

---

* «А когда вы спите?» — «По выходным».

городах Азии, но мои прогулки, как правило, проходят в одиночестве и урывками между рабочими встречами.

Мой «пакет» мало отличается от «пакета» других руководителей в крупных международных компаниях.

И так как входящая в него нагрузка действительно велика, меня часто спрашивают, насколько реально добиться пресловутого баланса между работой и личной жизнью. Другими словами, стоит ли планировать карьеру и не придется ли жертвовать ради нее семьей или хобби. Или, наоборот, насколько реальна успешная работа при наличии детей и увлечений.

Жизнь по расписанию

Одна из тяжелых сторон жизни руководителя в современной американской компании — это жизнь по жесткому расписанию.

Когда я пришла в IBM в Москве в 1993 году, нас было несколько десятков человек. И хотя наша территория покрывала несколько часовых поясов, о чем мы непременно с гордостью напоминали иностранным коллегам, за редким исключением все сидели в одном здании. Офис располагался на первых двух этажах старого особнячка ар-деко на улице Бахрушина, названной в честь известного дореволюционного мецената. Чтобы поговорить с коллегой, можно было просто зайти к нему, предварительно заглянув в щелку двери: свободен ли?

Попав в американскую штаб-квартиру, я почувствовала, что реальность вокруг явно искажена. Первым потрясением было расщепление заданий и более узкая специализация. Например, если в России за отношения с каналами сбыта отвечал десяток человек, деливших работу по регионам — кто в Питер катается, кто на Дальний Восток, — то тут их могло быть несколько сотен. Соответственно, на порядок углублялась и специализация. Людям, работающим в малом бизнесе, иногда трудно представить себе, как оперирует структура из нескольких сотен тысяч человек, где в силу масштаба приходится и задания расщеплять, и специализацию вводить, и автоматизировать многие процессы. Если в малом бизнесе можно вручную посчитать комиссию каждого работника отдела продаж, то для десятков тысяч продавцов в сотне стран и сотен тысяч продуктовых кодов с разным процентом прибыльности требуется совсем другой уровень планирования, унификации и автоматизации.

Я пришла из регионального офиса крупной компании, но, по сути, организации небольшой и оперирующей достаточно независимо в силу социально-географических причин. И, разобравшись, с кем именно мне надо переговорить в ближайшую неделю, я поняла страшное: к ним нельзя заглянуть в дверь. Люди сидят в разных городах, более того, как ни позвонишь — коллега либо на совещании, либо в командировке, либо в отпуске. Поэтому и встречи назначают заранее. Но созваниваться и назначать беседу — это уже затраты времени, так что сотрудники держат свои календари в системе: не имея доступа к содержанию, можно видеть свободные часы. Можно послать приглашение, и хозяин календаря нажатием кнопки или соглашается, или предлагает другое время.

У руководителей сверкой календарей, назначением и переносом встреч занимаются секретари. Для встречи нескольких человек нужно найти свободное время во всех календарях или попросить кого-то переиграть расписание, или делегировать участие в ней своему подчиненному. У меня в день может быть до 20 встреч, так что работа по ведению моего расписания — одна из основных функций моего секретаря. К слову, физически моя нынешняя секретарша сидит в другом городе, приезжая ко мне в офис пару раз в неделю. Это совсем не мешает, так как все равно управление календарем, вызов сервиса и заказ билетов-отелей ведется по телефону или сети. Личного присутствия требуют лишь отдельные задания, которые в случае ее отсутствия выполняет одна из секретарш местного офиса.

Когда я училась на MBA, мне остро не хватало пары нерасписанных часов в день для домашних заданий. Так что я стала заранее блокировать для них время в календаре и по возможности их сдвигать, а не отменять, если возникала неожиданная встреча. Я это делаю до сих пор, если мне необходимо время, чтобы поработать с документами или подготовиться к пресс-конференции.

Лучшее место для очистки почтового ящика — это самолет или аэропорт, но также подойдут свободный вечер или уик-энд. Иногда бывает необходимость вставить какие-то часы, например для похода к врачу. В этом случае промежуток бронируется как личное время, так что даже секретарь видит факт занятости, но не имеет доступа к деталям.

День, состоящий из встреч

Когда человек начинает деятельность внизу корпоративной иерархии, он работает с заданиями — будь то непосредственное написание кода, составление маркетингового плана или расчет зарплаты. Лучших исполнителей повышают — и они начинают управлять людьми.

Их главные занятия переносятся из области «посчитать» и «написать» в «поставить задачу», «утвердить план», «научить», «мотивировать», «помочь», «предоставить ресурсы», «поставить лучших специалистов на ключевые направления».

В зависимости от ситуации человек может продолжать вести какой-то проект сам. Например, в случае планирования покупки компании, когда команда, работающая над проектом, вынуждена быть малочисленной, начальник высокого ранга может составить маркетинговый план, который будет положен в основу интеграции нового бизнеса. Но в большинстве случаев основная работа все-таки ведется через подчиненных, а начальник во многом выполняет роль играющего тренера, определяющего цели и обучающего других.

Если рост продолжается, то следующий качественный скачок — это управление руководителями. Фокус еще больше смещается с оперативной работы и внутренних процессов, которые ведут подчиненные и их подчиненные, в сторону вопросов внешних: согласования действий со смежными отделами, определения новых направлений или корректировки общего курса, стратегических встреч с заказчиками или партнерами, выступлений в роли представителя компании (интервью, речи на конференциях, брифинги с аналитиками). Это объясняет, почему именно встречи занимают большую часть времени руководителя.

Иногда мои встречи и звонки начинаются с пяти-шести утра — есть всего несколько часов в день, когда можно одновременно собрать вместе жителей Америки, Европы, Азии и Австралии. А заканчиваться могут поздно вечером — лучшее время связаться с Китаем или Японией. Это могут быть большие встречи, например оперативная летучка по статусу продаж, рассказ о приоритетах нового квартала сотням специалистов одного из каналов сбыта или выступление перед командой маркетологов по поводу нового продукта. Могут быть относительно небольшие беседы с участием нескольких человек, посвященные анализу нашей стратегии, или переговоры с партнерами о совместной маркетинговой программе. Или просто обсуждение текущих вопросов с начальником или подчиненным.

Есть вопросы, которые лучше решать по электронной почте, — что-то простое, или требующее разового оповещения большого количества людей, или обсуждение, которое полезно задокументировать. С другой стороны, одна из самых распространенных ошибок молодых специалистов — попытка слишком сильно полагаться на электронную почту и копировать сообщения слишком многим, засоряя их почту. Если диалог требует больше трех вопросов-ответов или реального аргументированного спора, лучше назначить встречу. В разговоре трудно проигнорировать реплику или вопрос, как это можно сделать при общении по сети, и проще уточнить дополнительные детали. И конечно, обдумывая, кого пригласить, стоит обратить внимание и на экспертную, и на политическую составляющие вопроса. Чем меньше встреча по составу участников, тем она динамичнее, тем активнее присутствующие на ней люди готовы выражать несогласие и спорить, тем шире информация, которой они готовы поделиться. Если речь идет о непривычном способе решения проблемы, то большая встреча вряд ли поможет, так как большое количество участников — это верный способ прийти к самому консервативному варианту. Революции не совершаются голосованием. Если же встреча посвящена заключительному обсуждению давно известного вопроса, то лучше пригласить все заинтересованные стороны, чтобы не возникало обид и затаенного несогласия.

Жизнь по расписанию, когда весь день разбит на мелкие кусочки, быстро приучает решать вопросы в пределах отведенного времени. Если вы долго раскачивались и встреча продлилась дольше намеченного, вы начинаете терять ключевых участников: у них в расписании уже предусмотрены следующие встречи. Это не значит, что следует забыть навыки социального общения — пошутить вначале, пока все собираются, или спросить собеседника о чем-то простом и человеческом: недавнем отпуске или окончании ребенком школы. Пара минут личной беседы очень помогают поддерживать ощущение человеческого общения даже среди тех, кто никогда лично не встречал своего собеседника. Однако тратить время на беседу не по теме стоит аккуратно, чтобы успеть обсудить то, ради чего собрались. Впрочем, хотя об этом порой и забывают специалисты в начале своей карьеры, никто никогда не жалуется, если встреча закончится раньше намеченного срока. Если вы попросили час, а заняли пятнадцать минут, вряд ли стоит переживать и ни в коем случае не стоит искусственно затягивать время.

Вот еще несколько замечаний и наблюдений о жизни в условиях плотного графика.

— Жизнь по расписанию в рабочие дни означает, что сам по себе день без календаря в отпуске — это уже ощущение отдыха. (Теперь попробуйте объяснить это друзьям и родственникам, приехавшим «посмотреть Америку» и начинающим день с вопроса «Что у нас по плану?».)

— Спланированный на недели вперед календарь не означает, что в случае экстренной ситуации его нельзя перепланировать. Иногда, если надо поработать над чем-то срочным, приходится просить секретаря отменить все или большинство встреч, ранее намеченных на некоторый промежуток времени.

— Люди, редко назначающие встречи, иногда отправляют сообщение всей группе респондентов, нажав кнопку «ответить всем» с одной содержательной деталью: «Вася и Петя, я свободен завтра в три». При этом у большинства их коллег в списке, которому это было скопировано, возникает одно желание: заблокировать отправителю кнопку «ответить всем». Ею лучше пользоваться как можно реже.

— Отсутствие возможности пройти по коридору и заглянуть в щелку двери приучает думать заранее, когда и с кем потребуется поговорить. Ожидание свободного «окна» в календаре крупного руководителя может занять несколько недель. Намеченная заранее встреча создает стресс — надо успеть сделать всю работу к сроку. Но она также заставляет отсчитывать время назад и проходить предыдущие этапы подготовки вовремя. Аналогично вовремя поставленные сроки сдачи ускоряют проект.

— Если вы регулярно работаете с кем-то и вынуждены часто обмениваться информацией, то имеет смысл назначить определенное время для регулярных разговоров. Вместо того чтобы звонить друг другу каждый день по мелочам, вы оба подготовите один раз список вопросов и все обсудите, возможно, даже быстрее, чем намечали. Но и перебарщивать не надо, а то не заметите, как все расписание на неделю утонет в подобных «запланированных» разговорах.

— Трюк, которому я научилась у своего начальника: найти 30 минут в календаре в тот же день практически невозможно, найти пять минут можно почти всегда. Трюк, которому я научилась у подчиненной: на 15-минутный разговор люди чаще находят время и являются без опозданий, чем на 30-минутный.

Разговор по телефону замечателен тем, что вести его можно откуда угодно, даже в пижаме с дивана. Это дает многим возможность работать в определенные дни из дома, особенно если первые звонки начинаются в шесть-семь утра и продолжаются без остановок до самого вечера. IBM предоставляет такую возможность большому числу сотрудников. Это легко осуществить, когда вознаграждение зависит от результатов работы, а не от длительности присутствия в офисе. На сегодняшний день около 40 процентов наших сотрудников «мобильны», то есть работают из дома или от заказчиков, пользуясь телефоном и электронной почтой и приезжая на личные встречи только в случае необходимости. Так что еженедельные конференц-коллы в семь утра в моем расписании не так страшны даже для «совы».

Большинство из нас быстро приучило домашних к мысли, что врываться к маме в кабинет с вопросом во время разговора следует только в ситуациях, когда вы ворвались бы к ней и в офис — с огнетушителем в руках или жалобами на боль. Но не всем удается донести эту мысль до гостей дома, да и от лая на заднем фоне во время конференц-колла застрахованы лишь те, кто предпочитает кошек.

Обычно я начинаю свой рабочий день в семь-восемь часов утра с просмотра рабочей почты и телефонных разговоров, потом около девяти приезжаю в офис. Дальнейшее расписание состоит из личных и телефонных встреч, относящихся к моим основным областям работы на сегодня, преимущественно продажам и маркетингу, включая планирование выпуска на рынок новых продуктов. Это может быть обсуждение состояния дел по странам, разработки дополнительного инструментария поддержки продаж (обучения, материалов), стимулов продвижения определенного продукта или расширения сети партнеров, новых маркетинговых кампаний или позиционирования продуктов. Я также встречаюсь с аналитиками и прессой, особенно во время запуска новых продуктов или обновления стратегии. В командировках я часто выступаю на конференциях и «круглых столах» как представитель компании, даю интервью, встречаюсь с заказчиками и партнерами, провожу внутренние встречи, чтобы понять, с какими проблемами сталкиваются сотрудники и как убрать препятствия на пути дальнейшего роста бизнеса. Во время поездок мне часто приходится работать двойной день: когда в Европе или Азии рабочие часы и даже деловые ужины подходят к концу, просыпается Америка.

Тем не менее плотный график совсем не означает, что приходится отказываться от личной жизни, семьи, спорта или саморазвития.

Несколько мыслей о балансе работы и личной жизни

— Мой дед говорил: «Отдых есть перемена занятий». Правда, говорил он это обычно вместе с предложением прополоть грядку после двух часов взятия интегралов. Но следует признать, что в таком подходе немало здравого смысла: сам дед успевал сделать очень много.

— Обычно, если перед вами серьезно встает вопрос, стоит ли делать карьеру, то, скорее всего, лучше не стоит: зачем вам добровольно выбранная головная боль, если вы можете просто жить.

— Мой начальник П. говорил: «Если ты все время находишься в состоянии стресса — значит, не умеешь организовать свою работу». К слову, он уходил домой в пять вечера, иногда брал «нормальный европейский отпуск» на пять недель, но сделал прекрасную карьеру — работа под его началом до сих пор служит хорошей рекомендацией.

— Любой статистический опрос привычек успешных людей показывает склонность работать много и перелопачивать за день большой объем информации.

А теперь напишу более подробно и серьезно.

Деда Мороза нет

24 часа — это 24 часа. Минус семь-восемь часов сна для поддержания нервной системы, кожи и волос в здоровом состоянии — и остается совсем мало. Если для вас важно быть неотлучно дома с ребенком до трех лет или уезжать раз в год на три месяца в джунгли, а род занятий не позволяет работать из дома или тропиков — значит, вам придется выбирать. Либо решиться оставлять ребенка с няней

и ездить в джунгли на три недели в год, либо предпочесть другую компанию или карьеру, либо искать какой-то другой индивидуальный компромисс. Во всех компаниях в хорошо известных мне отраслях — IT, финансы, телекоммуникации — продвижение по карьерной лестнице означает нарастающую нагрузку и ненормированный рабочий день. Тем не менее среди людей, шагнувших дальше меня в одном только нашем дивизионе, я знаю тренера школьной сборной по софтболу и художницу по керамике.

Значит, это вполне возможно, но совсем не обязательно удастся каждому. Изначальные условия тоже у всех неодинаковы — к сожалению, жизнь несправедлива. Бывают в ней тяжелобольные родные. Бывает вынужденный выбор места жительства, если в семье две карьеры и следующий этап работы требует от супругов либо жить врозь, либо жертвовать успехами в одной из двух работ. Да и просто инфраструктура поддержки у всех разная: у одного с внуком рада посидеть бабушка, другому приходится платить большую часть зарплаты няне. Однако легко не бывает никому — рано или поздно вы обязательно столкнетесь с проблемами и вынуждены будете сделать выбор.

Я знаю и очень уважаю людей, сделавших карьеру до довольно высокой позиции, а потом добровольно спустившихся на ступеньку ниже, чтобы посвятить больше времени детям или благотворительной деятельности. Баланс — это умение найти свой собственный компромисс, а не свод универсальных правил, обещающий: «Следуй за мной, и все получится!».

Скорость и рюкзак

Карьера в крупной компании — это марафон, так что прежде чем бежать, нужно решить, стоит ли он усилий, и рассчитать нагрузку.

Сначала поговорим о скорости. Как и на беговой дорожке, скорость вряд ли будет постоянной. Например, в начале каждой новой работы приходится объективно тратить больше времени: и на вхождение в курс дела, и на изучение новой предметной области, и часто на прием на работу или реорганизацию персонала. В любой профессии будут периоды, когда нужно больше ездить или больше работать — скажем, запуск нового продукта или закрытие года продаж. Но бывают и более тихие периоды, и более спокойные работы.

Хорошее планирование помогает выживать — это относится и к работе, и к жизни в целом. Когда я перевезла дочку в США, я почти весь первый год не ездила в командировки: договаривалась и организовывала процесс так, чтобы либо отложить поездки, либо отправить кого-то другого. Потери возможностей по мере сил восполнялись. Например, не удалось познакомиться с партнером лично в командировке — прилагала лишние усилия, чтобы встретиться, когда он окажется в Нью-Йорке. Моя работа на тот момент это позволяла, и я не переходила на более интенсивный режим, пока не были решены первичные задачи: врачи, школы, адаптация. Мне также приходилось отказываться от переезда в другую страну с повышением, так как это не сочеталось с планами мужа. Такое планирование всегда немного похоже на балансирование на канате, но большинство моих коллег успешно прошли по такому же «канату», например, не ехали работать в Китай, пока ребенок не окончит школу или муж не завершит курс лечения. Так что мой опыт скорее типичен, чем уникален.

Не меньшее значение имеет и повседневное планирование нагрузки, позволяющее не накапливать усталость или раздражение от необходимости пропускать важные личные дела. Список первоочередных дел у меня идет одним потоком: я спокойно могу посвятить вечер разбору рабочей почты, а днем отлучиться на часок в банк.

Планирование нагрузки

Теперь обсудим второй и не менее важный момент: что брать с собой в «марафон»?

В делах личных система приоритетов очень индивидуальна, но я постепенно избавилась от того, что занимает время, не принося удовольствия, или без чего периодически можно обходиться. Например, когда я начала учебу на получение степени MBA, отнимавшую 20–30 часов в неделю помимо основной работы, мы наняли уборщиц. Перешагнув через страх «как же так, я приглашу в дом чужих людей», поискали рекомендации, завели банковскую ячейку для ценностей — и наняли. С тех пор у меня дома чисто. А высвободившееся после окончания MBA время пошло на дополнительные возможности работать или развлекаться, общаться с ребенком, заниматься саморазвитием, а не мытьем полов. Мы спокойно относимся к идее периодически заказывать еду, если нет сил готовить ужин, хотя я и люблю готовить. Кроме того, мы не стрижем газоны, не убираем снег и не красим стены, а нанимаем тех, кто это сделает за нас: заплатить, но высвободить время на что-то другое, в том числе отдых, оказалось важнее. С карьерным ростом растет не только занятость, но и вознаграждение. Пусть не астрономически, но достаточно, чтобы позволить себе платить за освобождение своего времени, если его не хватает.

Я стараюсь не тратить время на мероприятия, которые должны были бы быть отдыхом, но на самом деле удовольствия не приносят: на гостей, в которые не очень хочется идти, или болтовню по телефону. Чтобы не обидеть близких, проще, не отказываясь от общения совсем, ограничить отводимое для этого время. Если неудобно отказаться идти в гости к родственнице, можно сразу предупредить, что уйдете в девять вечера.

Часто мне задают вопрос: а если муж не согласится? К сожалению, тут, как и в вопросах бизнеса, помогают только переговоры и определение приоритетов. Между двумя крайностями — «нужен ли мне партнер, не поддерживающий меня в том, что для меня важно» и «важней всего погода в доме» — есть много оттенков «серого». Более того, любая ситуация не стоит на месте, а развивается во времени. Если вы еще не заработали на платных уборщиц, нянь и газонокосильщиков, то, может, имеет смысл вводить изменения постепенно, скажем, перестать гладить рубашки, но варить борщ по выходным? Или сесть и определиться, кто когда гуляет с ребенком, а кто выносит мусор? Если вы не можете договориться с человеком, которого сами же выбрали в партнеры по жизни, договориться с партнерами по бизнесу будет тем более непросто.

Облегчить рабочий груз

Если личную жизнь разгрузить можно, то и не всякую работу стоит брать с собой в «марафон».

Сначала рассмотрим случай, когда у вас есть подчиненные. Учеба на получение MBA научила меня не делать работу, которую может выполнить кто-то другой в моей организации (кризисы и периоды пиковой загрузки составляют исключения, но они лишь подтверждают правило). Если ваша организация находится в постоянном цейтноте, значит, что-то в ней не так. Надо проанализировать ситуацию, возможно, отказаться от части проектов, перераспределить нагрузку или поговорить с начальством о соотношении целей и ресурсов. В любом случае это ваша непосредственная обязанность как руководителя.

В корпоративном мире просьба о дополнительных ресурсах — это, как правило, крайний шаг. Когда ко мне приходят с такой просьбой как к начальнику, я всегда спрашиваю, провел ли человек ревизию своих проектов и что предлагает сократить. Если ничего сократить нельзя, каков будет негативный результат от вычеркивания каждого из проектов, кого оно затронет и почему «овчинка стоит выделки».

Однажды я перешла на руководство отделом, только что сокращенным более чем вдвое. Его миссия была определена весьма общим образом как расширение бизнеса в области, связанной с определенной технологией. Практически любые действия внутри компании создавали эффект Хоторна*: привлечение внимания отделов продаж и маркетинга положительно сказывалось на результатах. Но не все они были одинаково эффективны. Например, огромные усилия в центре и на местах затрачивались на сбор информации для последующего ее распространения в форме различных отчетов и рассылок, измерить эффект действия которых было непросто. Тогда я отменила эти отчеты и рассылки, предложив восстановить, если начнут поступать жалобы или найдется достаточно людей, которым необходим регулярный отчет. Жалоб практически не поступило. Мы совместно с группами в разных странах разработали новые критерии оценки эффективности их работы. Моя команда вздохнула с облегчением. Но главной наградой оказалась наша растущая популярность в странах, где сотрудники получили возможность проводить больше времени с заказчиками.

Другой способ освобождения времени связан с делегированием. Основное правило успешного делегирования заключается в расстановке акцентов на целях, условиях

---

* Эффект Хоторна (Hawthorne effect) — эффект увеличения производительности труда в наблюдаемой группе просто за счет того, что объекты наблюдения знали об эксперименте и пристальном внимании к их работе. Термин введен Генри Ландсбергом в 1955 году в результате анализа данных старого эксперимента на фабрике Hawthorne Works в Чикаго по установлению зависимости производительности труда от освещения зала. Результаты показали, что независимо от изменений в освещении рабочие успевали сделать больше за счет мотивации и внимания к их деятельности. По окончании проведения эксперимента производительность труда падала в связи с падением интереса.

и сроках, а не на том, *как* это сделать. Люди не только работают над своими собственными идеями и планами с большим энтузиазмом, но и лучше осваивают новые области, если им приходится самостоятельно пройти путь от начала до конца. А так как нельзя научиться, не сделав ошибок, вам придется дать подчиненным возможность делать собственные ошибки, а не учиться на ваших. Чтобы уберечь их от наиболее критических провалов, стоит почаще обсуждать следующие шаги и задавать вопросы о том, учли ли они определенные факторы и как собираются обходить препятствия, но не давать готовый рецепт. Мой мудрый начальник П. как-то сказал мне: «Иногда лучшее, что может сделать руководитель, — это отойти с дороги».

Чем больше проектов вам удается передать другим, тем больше растут их возможности и навыки. А значит, тем больше работы сможет выполнить команда, и тем больше свободы появится у вас, чтобы спланировать дальнейшие шаги или инициативы. Бывают исключения и кризисы, но в целом, если вам необходим постоянный контроль, потому что вы не доверяете своим подчиненным, значит, надо что-то менять. Либо вы достигли предела сами и не можете развивать возможности организации дальше, либо между вами и сотрудниками не сложились отношения, либо на пути развития барьером стоит перфекционизм. Если только у вас есть необходимый опыт, спросите себя, что вы делаете, чтобы этот опыт появился у вашей команды.

Любое развитие идет по спирали: когда кажется, что вы уже делегировали все, что можно, но занятость по-прежнему зашкаливает, стоит спросить себя, что еще можно передать другим.

Но и отсутствие подчиненных — это тоже не повод брать с собой в дорогу все сыплющиеся на вас проекты. Во многом, конечно, я основываюсь на своей или похожей ситуации — большая компания, проектная структура работы, IT, финансы или телеком, карьерная лестница, а не цеховая система, как, например, у медиков или адвокатов. Есть сферы (консалтинг, юриспруденция), где возможность выбирать проекты ограничена, но общие идеи, изложенные ниже, можно попытаться применить к любой работе.

Первое: я поняла, что стоит научиться выбирать проекты исходя из того, что они могут дать вашему резюме, как скажутся на совершенствовании ваших профессиональных навыков, и регулярно спрашивать себя, что можно заменить, сбалансировать или добавить. Если необходимо освободить время, самой предложить начальству отложить сдачу одного проекта, чтобы взять дополнительный, или еще каким-либо образом перебалансировать работу. Это не значит, что удастся избавиться от всего, что не нравится. В любой работе может быть 20–25 процентов дел, которые надо делать стиснув зубы, однако плохо, когда эта цифра больше.

Бывают, конечно, тяжелые времена — как говорится, во время атаки приказы не обсуждают. Я не призываю вести вечную торговлю с работодателем: он платит за результаты профессиональной деятельности, а не за ваше обучение. Тем не менее, если сравнить, что важно для вас, а что — для начальства, и, главное, понять, на что уходит ваше основное время, то может оказаться, что вы его тратите на что-то не вошедшее в первые две категории. Как правило, у вас есть определенная гибкость в выборе части проектов. Какие-то вы начинаете сами, к другим хотите примкнуть, об участии в третьих можно попросить начальника. Всегда имеет смысл использовать эту гибкость, чтобы оптимизировать работу.

Второе: необходимо повысить гибкость расписания. Дело в том, что одна из причин ощущения нехватки времени часто заключается в том, что банки, врачи и школы закрыты по вечерам, когда у большинства из нас заканчивается рабочий день, и мы не успеваем посетить зубного или пропускаем детские концерты. Гибкое расписание — одна из самых больших ценностей, за которую я очень благодарна своей компании. В IBM большинство работ измеряется исключительно результатом, никто не интересуется, как мы планируем свое расписание. Порой путем переговоров можно еще больше увеличить эту гибкость. Например, я знаю маму двоих детей, не работающую после обеда по пятницам. Но она отличается очень высокой работоспособностью в остальное время и всегда ответит по мобильному телефону в случае необходимости. Профессионалам, ориентирующимся именно на продвижение в области управления и не выставляющим почасовой счет заказчику, как правило, платят за результат, а не за время, проведенное на работе, и это вполне компенсирует ненормированный рабочий день.

Третье: надо научиться говорить «нет». Не все проекты приходят от начальства — бывает немало просьб о помощи и от коллег, в одних случаях можно согласиться, в других — отказать. Я не призываю быть плохим игроком в команде, но необходимо рассчитывать свои силы и расставлять акценты. Иногда сказать человеку: «Я могу помочь, но не раньше чем через неделю» или «Это займет три дня, а в ближайшее время у меня запуск — можем вместе поговорить с начальством» будет более справедливым, чем в состоянии цейтнота завалить и свою, и его работу. Или хотя бы использовать такую помощь как бартер и получить взамен помощь в своем проекте. Необходимо регулярно задавать себе вопрос: «Зачем я трачу на это время?».

Четвертое: надо постоянно учиться работать более эффективно. У каждого из нас есть свои «растратчики» времени, с которыми надо бороться: кто-то соглашается на ненужные встречи, кто-то не может вовремя закончить разговор, кто-то долго раскачивается.

Умение работать не раскачиваясь, тогда и там, где есть возможность, мне пришлось освоить еще во времена учебы в университете. Когда родилась дочь, я была на третьем курсе и решила не брать академический отпуск. К дочкиным трем месяцам я научилась читать учебники над коляской в зимнем парке, дыша то на правую, то на левую руку, чтобы согреться, и изучать тензорный анализ в долгой очереди за продуктами в постперестроечной Москве.

И если сегодня мне не приходится стоять в очередях, то появились другие скрытые ресурсы времени — аэропорты и самолеты. У меня много командировок, а значит, я провожу много времени в ожидании рейса или в полетах. Аэропорт и самолет — отличные места для работы, надо только не забывать защитный экран, чтобы окружающие не заглядывали в ноутбук.

И еще: обязательно нужно отдыхать.

Отдых

Нет большей ошибки, чем годами откладывать отпуск и вообще пренебрегать отдыхом. Во-первых, иногда надо отойти на пару шагов, посмотреть на картину в целом и подумать, что в ней стоит изменить. А отстраниться получается, только выйдя на время из повседневной гонки. Во-вторых, уставший человек склонен не только совершать ошибки, но и более нервно реагировать на ситуации, хуже сдерживать эмоции, другими словами, создавать дополнительный стресс себе и другим. В-третьих, люди, которые подолгу не отдыхают, быстрее перегорают — пропадает заряд и интерес.

Отдых — это не только отпуск, это и перерывы, пусть на короткое время, в течение рабочего дня или недели. Правда, тут стоит вспомнить уже упоминавшиеся слова моего деда о том, что лучший отдых — перемена занятий. Иногда просто перерыв на то, чтобы приготовить ужин, поговорить с домашними, оплатить счета, помогает передохнуть, а значит, повысить собственную эффективность и вернуться еще на пару часов разгребать рабочую почту.

Почему-то многие мои виртуальные друзья удивляются тому, что я нахожу время на блог (гольф, чтение, коньки). На самом деле как раз короткие перерывы — будь то вечерняя поездка на драйвинг-рейндж* попрактиковаться час с клюшками или пять-десять минут в Facebook — это как раз идеальная разгрузка, снимающая напряжение. Когда я уезжаю в отпуск, то фактически перестаю писать блог: у меня пропадает необходимость в коротком отдыхе. А вот когда день проходит во встречах или телефонных переговорах с семи утра и до восьми вечера, то сделать перерыв на четверть часа бывает очень полезно.

Случается, меня спрашивают: «Как уехать в отпуск и бросить все?» А все так же — планирование (лучше не уезжать за неделю до запуска продукта), делегирование, изредка — готовность сделать исключение (именно исключение, а не правило) и позвонить на один-два конференц-колла, на всякий пожарный случай оставить секретарю номер своего мобильного. В этом нет ничего оригинального — все известные мне опытные руководители серьезно относятся к планированию и делегированию обязанностей. Они практически не звонят из отпусков, за исключением особых ситуаций, когда по какой-нибудь серьезной причине их некому заменить или нельзя без ущерба для дела перенести очень важную встречу.

Управление стрессом

В любой работе вряд ли удастся обойтись совсем без стресса, но можно следить за его уровнем. Когда много всего происходит одновременно — работа, изменения в семейной жизни или управлении финансами, ремонт дома или поступление ребенка в колледж, — то периодически в любой из этих областей возникает напряжение. Есть много

---

* Driving-range — тренировочная площадка для гольфа.

методов управления стрессом — от медитации и йоги до самовнушения и классической музыки, но я начну с простого совета: стресс не надо раздувать. Если предвидится нелегкое время по работе — например, смена позиции, конец года или запуск нового продукта, — то лучше отнестись к себе бережно. Не планировать на то же время ремонт, или покупку дома, или лечение зубов. Сделать себе маленькие поблажки — например, заказать в трудный с рабочей точки зрения день еду на дом или вместо разбора электронной почты посмотреть один вечер кино. Все эти послабления на самом деле очень снижают стресс, а значит, улучшают общий внутренний баланс.

Но от непредвиденного стресса и неожиданных событий, к сожалению, не спасает никакое планирование.

Однажды я открывала крупную конференцию в Бангалоре. И на самом интересном месте моего рассказа о стратегии IBM в Linux в зале погас свет. Надо сказать, что отключение электричества в Индии случается нередко, порой по нескольку раз в день, так что проектор слайдов на два больших экрана у меня за спиной оказался подключен к независимому источнику питания. Эти-то два экрана и освещали мертвенным светом меня на сцене и первые ряды огромного конференц-зала в нижнем этаже отеля — окон в нем не было. Конечно же, микрофон у меня на лацкане «умер» вместе с люстрами. Иногда свет в Бангалоре включают всего через пару минут, но, увы, не на этот раз. Мне же не хотелось терять возможность поговорить с такой большой и незнакомой с нашей стратегией аудиторией, и я продолжила свое выступление, проецируя голос на дальнюю стену. Судя по вопросам во время перерыва (свет включили к концу моей речи), моих легких вполне хватило, чтобы охватить зал на полтысячи человек. Весь остаток дня я радовалась тому, что в Индии принято подавать горячий чай с молоком, иначе даже мои тренированные связки не смогли бы выдержать такого испытания.

Волнения, связанные с руководящей работой, многолики и разнообразны. Тут и сорвавшиеся сделки, и несогласие с руководителем, и расхождения с коллегами, и неожиданные происшествия с подчиненными — всего не перечислишь, всех примеров не приведешь. Главное, что отличает руководителя, — это умение в таких ситуациях не поддаваться панике или впадать в депрессию. Нужно сохранять внешнее спокойствие и по возможности оберегать от излишнего стресса команду, а если и она тоже оказалась задетой, помочь ей скорее вернуться в нормальный режим. Для того чтобы справиться со своим стрессом, приходится учиться минимизировать отягчающие факторы, по возможности хорошо планировать собственное время, управлять эмоциями и быть готовым к неожиданностям.

Чем выше по карьерной лестнице, тем интенсивнее становятся нагрузки. Но вместе с ними растет и ваш опыт, появляются новые возможности организовать свое время так, чтобы не возникало ощущение его постоянной нехватки. Когда чем-то увлекаешься, время на это всегда находится. Так что, возможно, надо просто добавить работу в список увлечений и чаще выкидывать из нее что-нибудь лишнее.

Глава 3

Алиса в Стране чудес: начало новой работы

Вы знаете, что у самолета нет зеркала заднего вида? Взлетная полоса сзади не имеет значения.

Бизнес-кейс Continental Airlines

Через три дня после выхода на работу в IBM в Москве — первого апреля, и это была не шутка, — то ли от стресса, то ли от весенней аллергии я полностью потеряла голос. Мой начальник Г. выслушал объяснение громким шепотом, вздохнул, задумчиво сообщил, что «это чудесно, жаль только, что его жена может разговаривать», — и отправил меня дальше изучать серверы AS/400, которые мне предстояло продавать. Специалистов по платформе AS/400 в офисе на тот момент было трое: системный инженер, сервис-инженер и я. Первый имел дело со всеми внутренними техническими вопросами — конфигурацией систем, демонстрационным оборудованием и общением с техническими специалистами заказчиков. Второй отвечал за установку проданных систем. Моя должность называлась «представитель по поддержке маркетинга» и включала в себя плохо определенный, но широкий круг задач. Как я теперь понимаю, главной из них была отвлекать на себя удар отдела продаж, дабы освободить бесценное время квалифицированных инженеров от ответов на примитивные вопросы. Со временем я стала заниматься поддержкой национальных языков, участвовать в продажах и даже ругаться с юристами по поводу составления контрактов. Хотя у нас за спиной и стояла большая тень корпорации-гиганта, наш собственный размер превращал компанию в стартап, где каждый делал что мог, и разделение дисциплин было достаточно относительным. Когда Г. интервьюировал меня при приеме на работу, мы беседовали исключительно о продажах. Но оказалось, что пробелов, которые необходимо восполнить в работе нашей серверной линии, было немало.

Например, требовалась так называемая поддержка национального языка. Это даже еще не перевод системы, а обучение ее правильной кодировке и распознаванию кириллицы. Перевод подразумевает, что система будет выдавать команды на местном языке, а поддержка — это всего лишь возможность пользоваться страницей кода, задающей нужный шрифт.

К сожалению, в середине 80-х годов разработчикам AS/400 в далекой Миннесоте поставка машин в Россию представлялась немногим более вероятной, чем на Марс. А потому ряд стандартных кодов для кириллических букв был занят под управляющие редактированием команды. В частности, буква X соответствовала переносу на следующую строку: вбиваешь «поедем в Хабаровск», а машина выдает на экран «абаровск» с новой строки.

На мой запрос в лабораторию в Рочестере пришел ответ: «А насколько важна буква X в русской речи?»

С точки зрения моего сегодняшнего знания американских реалий мне ясно, что вопрос не так уж и удивителен. Живущие на Среднем Западе путешествуют мало, часто поездка к кузине в соседний город — самое дальнее путешествие за десять лет. Кроме того, поддерживая сотни языков, разработчики знали, что в некоторых из них не все иероглифы жизненно необходимы, а русский в начале девяностых был для них мало актуален. Но мой ответ соответствовал первой реакции: «Примерно как f в английском!»[*].

К утру в приоритетном порядке починили.

Человек, делающий карьеру в управлении, переходит, как правило, на новое место, внутри компании или со сменой нанимателя, каждые два-три года. Как только удается хорошо освоить новую область и добиться заметных результатов — и для компании, и для собственного резюме, причем достаточно ощутимых, чтобы о них не забыли за пару лет. На более высоких должностях цикл удлиняется, но тем не менее рано или поздно большинство из нас регулярно открывает следующую страницу. Желательно, конечно, чтобы это была не просто новая работа, а следующий этап карьеры, расширение полномочий, знаний и навыков, удачная ступенька для следующего шага. Но всякое случается: иногда любая работа — это радость лишь потому, что она наконец-то есть.

---

[*] С буквы f начинается одно из английских ругательств. *Прим. авт.*

Так или иначе, но меня часто спрашивают о начале работы — ведь в преддверии нового и непонятного всегда волнуешься, хочется сделать все правильно и не ударить в грязь лицом. Вряд ли скажу что-то принципиально новое, скорее поделюсь тем сводом правил, который выработался у меня со временем. Многие советы пришли из книг и блогов — и если бы я сама получила их вовремя и правильно им следовала, то, наверное, избежала бы очень болезненных шишек.

Начать с перекура

Часто порыв начать новую работу поскорее — равно как и желание начальства не откладывать — заставляет нас приступить к делам немедленно. А это означает несколько месяцев стресса, изучения предметной области или компании, дел, которые надо было «сделать вчера». То есть наступит время, когда не то что на отпуск, но на лишний выходной будет трудно решиться. Поэтому имеет смысл взять несколько свободных дней до начала нового дела. И потратить их не только на отдых, но и на важные дела, на которые потом времени не будет, например, на поход к зубному врачу.

Медленно запрягать

Естественно, что, попав в новый отдел или компанию, человек хочет быстро добиться результатов, показать, на что способен, зарекомендовать себя перед новой командой, коллегами, начальством. Потому что взлетная полоса — все, что было до старта — значения не имеет: репутацию надо зарабатывать с нуля новыми достижениями. И вот тут-то и поджидают самые большие ошибки. Главный совет, который мне не удалось вовремя получить — и по природной торопливости не раз наступить на одни и те же грабли, — не спешить.

Первое, что следует понять, — это в чем, собственно, состоит новая работа. Интервьюируя меня на мое первое место, Г. ориентировался на поддержку продаж — и инсталляции, и поддержка национальных языков возникли позже по мере необходимости. Хотя он, наверно, и предполагал, что мне придется закрывать дыры, возникающие в процессе между техническими вопросами и продажами, но вряд ли сам задумывался о том, где именно они возникнут.

«Что я должен делать?»

Вам рассказали о новой работе на интервью? И еще раз на следующем интервью, и даже на последнем, у высшего начальства? Замечательно — теперь надо убедиться, что ваше понимание соответствует реальности. И дело даже не в том, что многие компании, как погода в Миннесоте, имеют две фазы: две приятные недели «сезона найма» — и весь остальной год. Просто озвученные на интервью обобщения и интерпретации могли не соответствовать реалиям в силу целого ряда причин, от разницы в терминологии до исторически сложившегося распределения функций по отделам. Так что, начав рубить сплеча, вы рискуете либо пропустить важный сегмент работы, либо невзначай «заехать» на чужую территорию. Более того, если вы и ваше новое окружение исходите из разных реалий, то никто за вас не ответит на вопрос «Что тут по-другому?». Ведь это у других «что-то по-другому», а у нас — всегда правильно. Так что придется действовать методами разведки в темноте на чужой планете. Аккуратно ощупывать то, что кажется кустом, и быть готовым к тому, что оно кусается. Разведчик, как известно, ошибается один раз: испорченная вначале репутация или отношения будут долго тянуться следом.

Попав из мелкого регионального офиса в штаб-квартиру — как раз в тот самый дивизион AS/400, в сотни раз превышавший нашу российскую группу по размерам, — я почувствовала себя Алисой в Стране чудес: та же компания, но реалии совершенно другие.

Во-первых, фактически все международные компании имеют в России лишь продажи, сервис и функции, которые их поддерживают, в лучшем случае один-другой отдел разработок. Но все серьезные решения о стратегии на рынке, продуктах, позиционировании, ценообразовании, слиянии компаний принимаются в штаб-квартире. Отделы, которые ими занимаются, редко работают с регионами, а значит, не только отсутствуют в России, но и «не видны» на уровне повседневного взаимодействия с региональным менеджментом. Отсюда, например, во многом идет недопонимание того, что маркетинг занимается куда большим, чем кампаниями по привлечению и удержанию заказчиков. Те, кто работает в продуктовом маркетинге, находятся в головных офисах. Помню свое удивление первым обсуждением дат и условий запуска одного из продуктов, на которые я попала. В стране продаж мы видели запуск только с точки зрения рассказа о новом продукте заказчикам и прессе, то есть его конечную точку. В действительности за выбором времени, цены и позиционирования стоит очень много факторов: анализ конкуренции, тенденций рынка, обучение, готовность самого продукта и десятков систем, которые его поддерживают, от конфигураторов, заказа и поставок до обслуживания и регистрации критических ситуаций.

Во-вторых, за счет большого числа людей и масштаба решаемых задач становится возможной гораздо более узкая специализация.

В-третьих, помимо стандартных терминов английского языка существует еще и корпоративная терминология, к которой приходится привыкать. Первый раз попав «с передовой» в штаб-квартиру, я удивилась тому, сколько людей занимаются «стратегией». Чуть ли не каждый второй имел слово «стратегия» в названии должности. Мне казалось, стратегия битвы требует от силы пару человек: куда стрелять и с какого фланга заходить — ключевые сегменты рынка, альянсы и вложения. Оказалось, что под стратегией в американской корпорации подразумевают все планирование, от долгосрочного и стратегического в привычном понимании до планирования рекламных кампаний, системы оплаты труда работников отдела продаж или обучения на следующий месяц. С этой точки зрения большинство «штабных» бизнес-функций относится именно к «стратегическим» — в отличие от выполнения или внедрения (execution), то есть непосредственного исполнения, в странах, где компания ведет бизнес. А потому «стратегию для развивающихся рынков» можно интерпретировать по-разному. С одной стороны, к ней относятся решения о том, в какие рынки инвестировать, где открывать филиалы и какие продуктовые линии продвигать. А с другой, в краткосрочном варианте, она определяет планы обучения персонала, маркетинговые или академические программы.

Всегда имеет смысл продолжать уточнять — в чем же именно заключается новая работа?

Среди неизвестного

Начальник, возглавивший новое подразделение, особенно созданное в результате слияния уже функционирующих бизнесов, часто может не представлять заранее, что в план потребуется включить определенную функцию или проект. Он может прийти совсем из другой области, быть мало знакомым с предметом или предполагать изначально, что эту работу будет выполнять другой отдел. Так что если вы чувствуете некоторую амбивалентность в определении ваших обязанностей, то это не обязательно означает, что ваш руководитель досконально знает, что к чему. Начальники тоже люди — с разным опытом и далеко не всегда полным обзором поля своей нынешней деятельности. Они могут не всегда быть в курсе того, что именно и как вы делаете в тех группах, которые привели с собой в новое подразделение, или иметь на этот счет свои собственные взгляды.

Возможно, что руководитель сменит свое мнение после более подробного обсуждения с вами, вот только сразу нащупать нужный уровень детальности не всегда просто. Мы не знаем, что понимает малознакомый собеседник, а потому, как я выяснила, набив не одну шишку, стоит проверять ключевые предположения. И побольше рассказывать, что к чему: какие проекты вы ведете в приведенной с собой группе, с какой целью их начали, как работа других подразделений зависит от вашей.

Я также научилась по нескольку раз задавать новому начальнику вопрос о приоритетах: например, чего нужно достигнуть к концу года, чтобы поразить его воображение. Очень часто ответ меняется и уточняется по мере вхождения обоих в курс дела: от более общего к более определенному. Например, от «добиться того, чтобы все несколько тысяч продавцов продавали новый продукт со знанием дела» к заданному проценту включения продукта в сделки свыше определенной суммы. Кроме того, в процессе нередко выясняются другие, не менее важные критерии успех — например, успех в совместной работе со смежным продуктовым подразделением. Это могло не всплыть в первом разговоре, но по мере уточнения стратегии оказывается, что помимо чисто формальных, измеримых критериев есть и менее явные факторы успеха.

Когда становятся яснее долгосрочные цели, определенные, например, на один-два года, то гораздо проще отсчитать время назад и оценить, где вы должны быть через шесть месяцев или к концу квартала. Если вы профессионал в своей области, то сможете определить, на какой стадии должны находиться разработки продукта за полгода до запуска новой версии или рекламная кампания за три месяца до выхода в эфир. Если же это достаточно новая для вас область, то такие вопросы можно задать ментору или более опытным коллегам. И тогда уже планировать свои действия, отдавая приоритет именно тому, что важно.

Политический ландшафт

Обдумывая, что надо освоить и понять на новом месте, мы безошибочно ставим в список местонахождение лестниц и столовой, имена тех, с кем нам необходимо регулярно обмениваться информацией, предметную область и стратегические документы. Но часто забываем — и тут я поднимаю руку как один из набивших шишку — внести в список стиль общения нового руководителя и политический ландшафт. (Рада, если моя рука маячит в полном одиночестве.) К стилю относятся не только предпочтения по частоте и форме общения, но и то, как человек мыслит, видит ли он картину в целом или концентрируется на деталях, как часто хочет получать копии сообщений или какие реальные достижения ценит выше других. Все это узнается не сразу, но стоит приложить усилия, чтобы это понять и сделать ваше взаимодействие более эффективным и приятным для обеих сторон.

Не менее важен и политический ландшафт. Всегда стоит начинать работу с составления списка тех, с кем нужно поговорить, чтобы войти в курс дела, — подчиненные, коллеги из того же или соседних подразделений, начальники — в современной горизонтальной структуре управления крупными корпорациями (так называемой матричной структуре) их может быть несколько. И, поговорив, подумать, с кем стоит организовать регулярное общение и в какой форме — скажем, один на один или группой. В этот момент имеет смысл ответить на вопрос о том, кто является ключевыми для вас фигурами не только с точки зрения существующего делового процесса, но и в смысле политическом. Лучше держать в курсе тех, кто влияет на принятие важных решений. С кем-то нужно выстроить хорошие отношения заранее, до того, как придется, по всей видимости, устранять конфликт. Кто-то может стать хорошим союзником в решении тех или иных вопросов, даже не имея явной роли в деловом процессе.

Есть счастливые люди, от природы мыслящие таким образом, видящие всю шахматную доску целиком и заранее планирующие свою стратегию. Но те из нас, кто по психологическому складу больше нацелен на достижение результата — запуск продукта, цифру продаж, — часто не видят «человеческой» составляющей новой работы и подсознательно предпочитают ее игнорировать. Однако там, где есть люди, есть и взаимоотношения между ними, а значит, желательно проходить по полю этих отношений, не задевая мин.

В начале новой работы очень важно слушать больше, чем говорить, узнавать больше, чем рассказывать. И дело тут не столько в «общении по Карнеги» и желании расположить к себе людей. Чем лучше вы представляете себе реальную ситуацию вокруг, тем проще будет избежать ошибок: увидеть уже существующие конфликты, не вступая в них, понять точку зрения противников, не поддерживая ни одну из сторон. Вы вряд ли узнаете всю подноготную. Например, что этот подчиненный пытается тихо саботировать ваши инициативы и распускает слухи за вашей спиной, потому что метил на ваше место, или что начальник смежного отдела хотел поставить на него своего кандидата. Но при осторожном подходе, умении слушать и аккуратном выстраивании отношений с самого начала предубеждения против вас забудутся через полгода.

Встреча по одежке

В начале любой новой работы вам предстоит встретиться с большим количеством новых людей, а значит, представиться, рассказать кто вы, чем занимались раньше, что хотите сделать на новом месте. Это не просто ответы на вопросы. Это в определенном смысле ваш бренд — каким вас увидят окружающие, что они о вас подумают. Это возможность создать определенную «мифологию» — рассказать ту историю из своего прошлого, которая подчеркнет качества, которые вам хочется спроектировать на свой образ. Так что имеет смысл подумать: что важно для новой работы, какого человека хотят видеть коллеги или партнеры на этом месте? Я исхожу из предположения, что необходимые качества у вас есть — ведь вас не случайно наняли на новую должность. Так что, например, если речь идет о смене модели бизнеса и необходимы бойцовские качества, подчеркните их наличие соответствующей историей. Или, наоборот, если совместная работа и уважение интересов друг друга являются важной задачей, упомяните о том, что ваша предыдущая должность требовала координации действий нескольких отделов. Конечно, со временем люди составят свое представление о вашем характере и навыках, но в ваших силах начать общение с правильной ноты. И главное, не совершить обратной ошибки: не восстановить людей против себя, активно подчеркивая факты из вашей биографии, которые могут их насторожить.

В начале славных дел

Перед началом новых проектов я не раз хваталась за разные книжки — почитать и подумать, с чего начать. По большому счету, подойдет любая хорошая книга по бизнесу, которая натолкнет вас на размышления о происходящем, потому что, начиная новую работу, вы подсознательно продолжаете ее обдумывать чаще, чем вам кажется. Главное — это задать структуру рассуждений и упорядочить мысли.

Например, мне очень нравится подход Майкла Уоткинса, изложенный в книге «Первые 90 дней» (Michael Watkins, «The first 90 days»). Он предлагает руководителю определить, является ли ситуация стартапом (то есть началом нового проекта), разворотом (то есть спасением бизнеса, не выполняющего план) или просто поддержанием благополучного хода дел. И уже в зависимости от этого планировать набор, увольнения или смену кадров, изменения в стратегии и т. п.

Пройдет какое-то время, и вы определитесь с планами и новыми инициативами. Один из самых важных уроков в управлении командой, начинающей новое дело, я получила от Луи Герстнера, бывшего CEO IBM: легче всего повлиять на ход проекта в самом его начале. Изменив движение «на пару градусов» — чуть переставив приоритеты или добавив участников, — можно существенно повлиять на то, что получится «на выходе». К сожалению, на более поздних фазах тем же малым усилием уже столь серьезных изменений не внести. Помня его совет, я стараюсь быть более вовлеченной в важные и неоднозначные по направлению проекты подчиненных в самом их начале, а когда наметится прогресс, ограничиваться более редкими встречами.

Еще одно дело, которое я стараюсь не откладывать, если работа связана с руководством, — это беседы с подчиненными об их карьерных планах. Так же как, нанимая людей на работу, мы пытаемся понять, к чему они стремятся, что их мотивирует и вдохновляет, так и при переходе к общению с новыми сотрудниками такой разговор лучше не оставлять на потом. Дела засасывают, будет не до спокойной беседы о целях и устремлениях. Кроме того, имеет смысл знать об их надеждах и планах уже к моменту обдумывания любых перемен в отделе. Например, это знание может натолкнуть вас на идею поставить определенного человека на какой-то конкретный пост или проект, помогающий ему освоить нужную для продвижения область. А вам — получить лидера, с энтузиазмом берущегося за дело. Да и просто установить более глубокое взаимопонимание: если вы помогаете своим подчиненным достичь их карьерных целей, они охотнее помогают вам, делятся идеями, предлагают неожиданные решения. Из тех же соображений я стараюсь встретиться с каждым из подчиненных второго уровня в течение нескольких месяцев со дня начала работы и получше их узнать.

«И это тоже пройдет»

Другой урок, который я до сих пор продолжаю усваивать, — это не переживать по поводу временных проблем, тех, что явно «рассосутся» через несколько месяцев. Например, новые коллеги могут не запомнить сразу фамилию новичка и забудут пригласить вас на встречу. Или переезд в новый офис затягивается, или возникли технические неудобства из-за задержки с визитками и подключения телефона. Все это забудется очень быстро, не стоит позволять таким мелочам отравлять себе жизнь.

Когда-то на свою первую работу в Америке я попала временным сотрудником. Мой начальник Б. таких, как я, не нанимал ни разу — он всегда имел дело с достаточно опытными профессионалами, а временный наем, как правило, используется для менее важных работ. Мой исключительный статус объяснялся одновременно особенностями финансирования позиции и иммиграционного законодательства. А потому Б. понятия не имел, что, в отличие от сотрудников постоянных, на меня нужно еженедельно заполнять в сети особую форму на получение зарплаты — так что мне ее не платили. И вот после трех недель переживаний, поиска, кому звонить, и переговоров с кадровиками выяснилось, что все дело в этих несчастных формах. Б. не просто подписал их за три недели разом — он пошел к банкомату, снял с личного счета тысячу долларов и выдал их мне со словами:

— Человек не должен жить без денег, придут на счет — вернешь, а так мне спокойнее.

Для любого работающего в крупной организации, где зарплату переводят на счет, и живущего в Америке, где люди порой не носят с собой больше двадцатки наличными, очевидна вся необычность такой ситуации. По крайней мере, мы с Б. ее часто вспоминаем со смехом — он давно вышел на пенсию, но мы почти каждый год катаемся вместе на лыжах. Понятно, что сильных переживаний тот эпизод не стоил — в крупных американских компаниях зарплаты не задерживают. Это пример одной из ситуаций, когда все в конце концов встает на свои места, и если она впоследствии и вспомнится, то лишь в качестве курьеза. Вот и теперь, сталкиваясь с чем-то нервирующим, но явно одноразовым, например задержкой перевода к себе в отдел нового сотрудника, я стараюсь не переживать по поводу того, что явно забудется через полгода.

Помните, что было написано на внутренней стороне кольца царя Соломона? «И это тоже пройдет».

Глава 4

Лимитирующий фактор: реальные и воображаемые барьеры на пути роста

…одна из болезней нашего общества — стремление к принятию посредственных решений путем коллективных размышлений, и я не намерен потворствовать развитию этой болезни своим курсом…

*Из правил сдачи экзамена
по статистике на первом курсе EMBA
в Колумбийском университете*

— Почему для женщин допустимо быть секретаршами, библиотекарями и учителями, но совершенно недопустимо стать начальниками, управленцами, врачами, юристами и членами Конгресса? — спрашивала Ширли Чизхолм, первая чернокожая американка, избранная в Конгресс США, открывая обсуждение Билля о равных правах женщин в 1969 году в Палате представителей. — Женщины составляют более половины населения США. Но они занимают меньше двух процентов руководящих позиций.

Вряд ли кто поспорит, что ситуация радикально изменилась за последние полвека. Выпускниц колледжа не спрашивают на интервью об их скорости печати на машинке — женщины заняли позиции в кабинетах CEO, в Конгрессе, у операционных столов и в Верховном суде. Тем не менее статистика по-прежнему говорит о неравенстве: в среднем женщины зарабатывают меньше мужчин и процент их в высшем руководстве относительно мал. Еще более удручающие результаты ждут вас, если задать вопрос об иммигрантах в первом поколении. В частности, доля русских иммигрантов на высоких нетехнических позициях в международных корпорациях, не связанных с участием в первоначальном стартапе, невысока.

Утверждать, что статистика непоказательна, было бы наивно. Когда Карли Фьорина в своем первом интервью как CEO HP сказала, что «стеклянного потолка» для женщин больше нет, пресса возмутилась. Цифры свидетельствуют: несмотря на то что по потолку побежали трещины, он по-прежнему существует. Тем не менее лично вы — это конкретный человек, который всегда может добиться гораздо большего, чем усредненный объект статистики. Так что давайте отвлечемся от коллективного опыта и не будем спрашивать о женщинах или иммигрантах в целом. Не стоит заранее готовиться к встрече с проблемами по полу или происхождению. В конце концов, в своем неудачно сформулированном ответе Карли Фьорина имела в виду, что сам факт ее назначения уже подтверждает: женщина все же имеет возможность пробить пресловутый «потолок».

Я всегда пыталась отвечать для себя не на вопрос «могут ли иммигранты, женщины или интроверты занять высокую позицию», а на вопрос «могу ли я это сделать». Иногда само ожидание препятствия заставляет нас замедлять ход, а предположение об открытой дороге впереди — увеличивать скорость.

Однажды уже в Америке меня разыскала Е., доктор экономических наук, сделавшая прекрасную карьеру в Москве. Она защитила диссертацию по экономике, преподавала в вузе и одновременно работала бизнес-консультантом для ряда крупных немецких компаний. Вслед за мужем-программистом Е. перебралась в Штаты. И тут все ее новые русскоязычные знакомые, уехавшие в восьмидесятые годы по «беженской» программе, стали наперебой советовать: учись на парикмахера, самая перспективная профессия для женщины из России. Потому что много лет назад, когда они приехали в Америку без языка, денег, умения проходить интервью и искать свой путь в «капиталистических джунглях», те, кто окончил курсы парикмахеров и маникюрш, нашли работу первыми. Русские сайты и блоги тогда были развиты мало, люди больше полагались на советы знакомых. Разыскав меня, Е. хотела просто убедиться, что в жизни бывает и по-другому. Обретя уверенность, она ринулась в бой и через пару лет уже возглавляла один из отделов исследования рынка в крупной корпорации.

Иногда единичного примера того, что «такое возможно», оказывается достаточно, чтобы барьер не казался слишком высоким. Не случайно многие спортивные рекорды не могут побить годами, но стоит кому-то одному преодолеть порог — и вслед за ним этот рубеж перешагивают многие. Барьер, однако, был чисто психологическим: если бы Е. меня не нашла, разве что-нибудь объективно изменилось бы в ее ситуации?

Знание статистики едва не стало сдерживающим фактором в моей собственной карьере. Обычно в любой крупной компании есть некоторая сетка должностных уровней, и переход с одного на другой требует определенного периода работы. Вряд ли он закреплен где-то в документах отдела кадров, скорее есть некоторая статистика: сколько лет проходит между повышениями. Став директором и поинтересовавшись подобной статистикой, я некоторое время пребывала в уверенности, что никто не достигает следующего уровня — вице-президента — меньше чем за пять-шесть лет. Соответственно, мне не приходило в голову говорить с начальством о повышении. К счастью, через пару лет я встретила человека, прошедшего от одной должности к другой за три с половиной года. Мы такое редко обсуждаем, но я поздравляла старого приятеля с повышением, и срок случайно всплыл в разговоре.

Вскоре мне пришлось говорить с крупным начальником о своем переходе на новую позицию, связанную с крупным риском. Я согласилась совмещать две функции: возглавлять бизнес IBM в Linux и одновременно одну из групп, занимающуюся слияниями компаний. Каждой из них до этого руководили начальники более высокого ранга. Мне еще с MBA очень хотелось попробовать себя в покупке предприятий, а руководитель считал, что я хорошо подойду в качестве нового лица Linux, несмотря на то что в тот момент я была только директором. Одно «потянуло» другое, и мы пришли к идее совмещения работ.

Я спросила, порекомендует ли он мою кандидатуру на повышение в случае успеха. Это произошло всего через год с небольшим после моего предыдущего повышения, так что, честно говоря, мне пришлось собрать волю в кулак, чтобы решиться на такую просьбу.

Неслучайно та же самая статистика говорит, что в среднем женщины предпочитают соглашаться, не торгуясь, на первое предложение и реже ведут переговоры о размере вознаграждения, чем их коллеги-мужчины. Нас в детстве учат быть хорошими девочками и довольствоваться тем, что предлагают. Пришлось повоевать с «хорошей девочкой» внутри себя, чтобы задать этот, как мне казалось, очень дерзкий вопрос. Как ни странно, я получила утвердительный ответ, а через два года — повышение. А ведь не случись мне встретиться с исключением из правил, я бы ожидала встретить барьер на пути — совсем как та моя знакомая, которой советовали идти в парикмахеры, — и вряд ли решилась бы просить о рекомендации.

Когда мы ожидаем внутренне, что на пути окажется барьер, связанный с нашим происхождением, то начинаем тормозить перед препятствиями, которых на самом деле нет. Когда я училась в школе, мне забыли рассказать, что женщины не сильны в математике. Вернее, об этом забыли рассказать моему деду, который в отсутствие внука другого пола обучил меня к шестому классу считать определители матриц, так что в конце концов я оказалась на кафедре общей математики МГУ. Мою дочь дед научил играть в шахматы. Она стала президентом шахматного клуба школы, будучи в нем единственной девочкой, — ей забыли рассказать, что лучшие шахматисты получаются из мальчиков.

Поэтому давайте предположим, что и вам о статистических трудностях рассказать забыли, а главное, что вы — это вы, а не среднестатистический представитель группы. Когда у страха глаза не так велики, идти вперед легче: призраки за каждым деревом не мерещатся.

У всех свои призраки

В дополнение к комплексам, связанным с полом или происхождением, у многих вырабатывается свой собственный, индивидуальный лимитирующий фактор. Мы начинаем объяснять неудачи принадлежностью к некоторой группе и приписывать ей причины собственных негативных эмоций. Дескать, я ему не нравлюсь не потому, что бюджет не подписал, а потому, что отличаюсь от большинства.

Пол. Сексуальная ориентация. Раса. Религия. Иностранный акцент. Думаете, этим списком исчерпываются возможные комплексы? Мой приятель потратил немало сил и денег на логопеда, чтобы избавиться от своего южного акцента, вызывающего, по его мнению, ассоциации с более низким интеллектом. Хотя я знаю немало коллег, сделавших прекрасную карьеру независимо от южного акцента. Другой знакомый, формально не имеющий высшего образования, но очень много учившийся по книгам и на практике, занимает высокую позицию в одной из ведущих фармацевтических компаний, но комплексует по поводу отсутствия ученой степени. Есть люди маленького роста. Полные. С техническим образованием, но без MBA в бизнес-среде. С MBA, но без диссертации. Старше всех в группе. Младше всех в подразделении. Одни забывают об этом отличии, другие постоянно держат в голове, создавая себе *лимитирующий фактор*.

Он возникает как самоисполняющееся пророчество. Стоит нам не сойтись с кем-то по работе, мы легко объясняем себе: «Он не любит меня потому, что я русская». Или «Они не пригласили меня потому, что я женщина». Или «Она опять так со мной разговаривает потому, что... (подставить ваш личный лимитирующий фактор)». Мы отметаем тот факт, что другие люди с нами общаются, приглашают, вежливо разговаривают, но приписываем каждую неудачу в общении любимой причине. И чем чаще такое происходит, тем чаще мы об этом думаем, видим в ситуации подтверждение собственных страхов, чувствуем себя ущемленными именно из-за лимитирующего фактора. А значит, начинаем меньше общаться с мужчинами, или участвовать в обсуждении Супербоула, или еще каким-то образом подсознательно избегать потенциально неприятных точек соприкосновения. Фактор становится реально лимитирующим. А на самом деле началось все с того, что женщина с начинающейся мигренью или мужчина, поругавшийся утром с женой, говорили с вами сквозь зубы. Она и не заметила вашего акцента. Он вас не услышал совсем не потому, что вы женщина. Но объяснив их поведение собственными комплексами и обжегшись раз на молоке, мы начинаем дуть на воду.

Лет пять назад я перешла в другой дивизион с крупным повышением — новая для меня область в смысле продуктов, новые люди, новая должность. К сожалению, случилось это ровно за две недели до того, как он впервые за много кварталов не выполнил план. А еще через неделю мой новый начальник уехал в отпуск в Европу, оставив меня отвечать за «разворот» дел в маркетинге. Надо было провести анализ причин падения продаж, а затем срочно, буквально на ходу, перепланировать маркетинговые кампании и реорганизовать систему поощрения каналов сбыта. Работу надо было осуществлять в плотной координации с начальниками других отделов, отвечающими, в частности, за производство и поставки. То есть не просто перекроить планы по привлечению заказчиков в ста с лишним странах, но и соотнести их с готовящимися изменениями в продуктовой линии и убедиться, что это выправит финансовые показатели.

Вскоре я заметила, что один из директоров, работающих с планированием производства, упорно меня игнорирует: приглашает на встречи моего коллегу Х., а тот уже решает, передавать приглашение мне или нет. Моя первая мысль: «Я единственная женщина в руководстве, ему проще беседовать с мужчинами». Мысль эта появилась не на ровном месте: один из моих конкурентов на должность сказал мне ранее: многие думают, что меня повысили, чтобы улучшить «баланс полов» в руководстве компании. То есть подсознательно я боялась, что дело заключается именно в этом, а вовсе не в моих собственных достижениях и навыках. К слову, разуверилась я в подозрениях лишь четыре года спустя, когда генеральный директор в неформальной обстановке рассказал историю моего найма: его привлекло сочетание математического образования с MBA и рекомендации людей, с которыми я работала. Но тогда, в первый месяц на новой должности, в незнакомой обстановке, я всего этого не знала.

Следующая мысль: они все досконально знают нашу серверную линию, а я новенькая, и они, наверно, с презрением относятся к моему пониманию рынка Unix. Это справедливо, так как понимание мое вполне соответствовало трем неделям напряженной учебы по документации и отчетам… опыта мне в тот момент, прямо скажем, недоставало.

Спроецировав на сложившуюся ситуацию все свои тайные комплексы, я, к счастью, нашла женщину, достаточно давно знавшую всех руководителей, и спросила, прямо как в известном анекдоте: «Доктор, почему меня игнорируют: потому что я женщина или новичок в Unix?»

— Ни то ни другое. Он просто тебя не знает.

— Но он же видел меня на прошлой неделе на встрече всех директоров.

— Там было сорок человек, немало новых, и, главное, он понятия не имеет, как распределяются роли в маркетинге. Он не понимает, что делаешь ты, а что — Х… Х. он знает давно и, естественно, спрашивает его, просто не задумываясь.

Я позвонила «игнорирующему», представилась еще раз и объяснила, как распределяются обязанности в недавно реорганизованном маркетинге между Х. и мной. В последующие два года, вплоть до его ухода на заслуженное повышение, мы чудесно работали, даже в гольф вместе играли. А я извлекла из этой истории урок: не проецировать собственные комплексы вокруг лимитирующих факторов на других. Попробуйте дать происходящему более простое объяснение — и действуйте соответственно.

Означает ли это, что я никогда не сталкивалась с негативным отношением к себе как женщине или иммигрантке? Сталкивалась — и напишу об этом ниже, — но я считаю только те случаи, когда у меня не было сомнений в причинах. Признаюсь, случаев таких было очень мало, куда меньше, чем когда меня не любили за мои же собственные действия. И если бы мне предложили на выбор снова прийти в бизнес, но уже без акцента, или поменяв пол, или с врожденным умением ладить с людьми, я бы выбрала последнее.

Повышение уверенности в себе

Мы с детства усваиваем, что проще живётся тем, кто нравится окружающим. Так что мы сначала учимся говорить «спасибо», «пожалуйста», а когда подрастаем, начинаем читать Карнеги и носить красивую одежду. Стиль гардероба, прически и других элементов внешности во многом определяется местом, временем, традициями отрасли и личными предпочтениями, так что стоит за рамками данного рассказа. Однако стоит упомянуть о таких кардинальных методах коррекции, популярных среди иммигрантов, как уменьшение акцента, исправление зубов или переход с ношения очков на оптические линзы.

Есть факторы, реально мешающие людям воспринимать вас адекватно, а есть такие, что препятствиями не являются, но, будучи исправлены, помогут вам самому почувствовать себя увереннее. Например, сильный акцент или плохое знание языка однозначно надо исправлять. Они препятствуют чёткому выражению мыслей и эффективному общению. Вряд ли ваша карьера пойдёт далеко, если коллегам приходится сильно напрягаться, чтобы разобрать, что вы хотите им сказать. Кстати, это в равной степени относится и к лексике с произношением, и к способности ясно формулировать мысли, не зависящей от языка. Все мы встречали людей, которые на родном-то языке пишут такие сообщения, что легче санскрит выучить, чем разобрать, что собеседник хотел сказать.

Однако если вас понимают, практически не переспрашивая, то, на мой взгляд, дальнейшее — вопрос личного комфорта. Когда мы знаем, что выглядим и «звучим» хорошо, мы более уверены в себе, а это всегда помогает произвести лучшее впечатление. Я говорю не о ложной самоуверенности в знании предмета, а о том, чтобы не прикрывать рот ладошкой и не бормотать в пол, если что-то надо сказать на встрече. Чтобы не спрашивать тихим шепотом, а потом жаловаться, что вас игнорируют. Что же касается остальных комплексов, то они у каждого свои, и если ровные зубы или отсутствие очков придают уверенность, то, на мой взгляд, они достойны вложения сил и средств.

У всех на виду

Представители любого меньшинства всегда более заметны: они выделяются на общем фоне, их ошибки часто видны, как под увеличительным стеклом, и любые промахи обобщаются на всю референтную группу. Например, неудачи и промахи Карли Фьорины, бывшего генерального директора компании HP, часто возводились в ранг дискуссии о том, может ли женщина быть CEO. Речь в данном случае не о том, какие ошибки она лично совершила, а о «луче прожектора», который выхватывает все заметные и значимые единичные фигуры.

Есть, однако, и утешительная новость: те, кто выделяется, запоминаются лучше. Сколько денег вкладывают в маркетинг бренда, чтобы покупатели его запомнили, сколько сил вкладывают в узнаваемость персонажа? А тут — всегда на виду. Одна из причин, по которой актеры часто достигают успеха в политике, — имя на избирательном бюллетене известно всем и рождает ассоциации независимо от затрат на рекламу. Акцент, в частности, служит своеобразным атрибутом бренда. В фильме The Kid герой Брюса Уиллиса, жестокосердный и высокооплачиваемый консультант по имиджу, дает советы телеведущей с Юга. Он в пух и прах разносит ее внешность, прическу, манеру одеваться и говорит: поменяешь все это, и через год тебя повысят. А потом добавляет интересную деталь: «Продолжай говорить you'all, и тебя повысят через полгода». Употребление you'all в английском — это региональный акцент, как «оканье» в русском, придающий определенный шарм и узнаваемость «торговой марке».

Я неоднократно убеждалась в том, что мой акцент работает похожим образом. В штаб-квартире практически нет русских, а большая часть общения идет по телефону — офисы разбросаны по всей стране. Голос с необычным акцентом запоминается. Сколько раз я встречала коллег, говоривших:

— Я тебя помню! Ты мне в 97-м году рассказывала о развивающихся рынках!

— Я помню, ты была на конференции в Бельгии в 95-м, сидела в первом ряду и задавала больше всех вопросов.

Вы помните того, кто просил у вас деньги на проект двенадцать лет назад? Как правило нет, если он не выделялся чем-то особенным. А я запоминалась за счет необычного акцента и происхождения, хотя до сих пор пытаюсь вспомнить, что же я такое спрашивала… Но главное заключается в том, что когда дело доходит до выбора человека на престижный проект или повышение, важно, чтобы большинство обсуждающих хорошо знали кандидата. А меня легко вспоминают. Так что не надо думать об акценте как о кандалах — наряду с отрицательными он имеет и положительные стороны. Как любая неизменная особенность тела или голоса: если от нее нельзя избавиться, надо просто научиться с ней жить.

И еще один аспект. Жалуясь на работу в международных компаниях, иммигранты часто приводят в пример истории, которые я бы охарактеризовала просто как неудачные шутки. Пресловутые вопросы о медведях на улицах Москвы или про питье водки надоедают своей стереотипностью и начинают вызывать раздражение. На самом деле, хорошо зная обстановку и ход американского неформального общения, понимаешь, что рассказчику никто не желал зла. Просто не все люди наделены хорошим чувством юмора, и попытка легкого обмена репликами звучит несколько безвкусно.

Нередко во время коктейля незнакомый человек может сказать, что я, как русская, наверное, предпочла бы водку. Это делается вовсе не из желания меня обидеть, просто собеседник хочет завязать «нерабочий» разговор, но не знает о чем, и экстраполирует мое происхождение, выбирая темы по ассоциации. Неформальная беседа всегда основана на тех немногих личных фактах, которые люди о тебе знают: семья, университет, любимая спортивная команда. Они хватаются за русское происхождение именно потому, что это безопасная и легкая тема. Ни один американец не оскорбится вопросом «Ты, наверно, любишь виски?». И половина скажет: нет, но у меня хобби, я варю пиво, или коллекционирую вина, или еще что-то в этом роде. Своего рода ритуал. Отшутиться в ответ, перевести разговор на другую тему совсем несложно. А еще лучше дать людям другую тему для разговора с тобой — чтобы в следующий раз спрашивали, нравится ли дочке в MIT, продолжаю ли я брать уроки гольфа или как покаталась на лыжах во время отпуска.

Меня много раз спрашивали, почему я не люблю снег, если я из холодной России («А почему, как вы думаете, я оттуда уехала?»), или не родственница ли я теннисистки Кузнецовой («Нет, Кузнецова по-русски означает Smith — эту фамилию носит 30% населения»). Как правило, на стандартный вопрос быстро вырабатываешь стандартный ответ — и, поддержав разговор, переводишь его на другую тему.

Конечно, мне повезло, что мое общение протекает в достаточно культурном и образованном социальном слое. Вполне возможно, в среде недоучившихся в средней школе и шутки будут не лучше тех, что можно услышать про «пиндосов» в российской пивной. К счастью, я с этим практически не сталкивалась — во всяком случае, куда реже, чем с оскорблениями американцев в русскоязычном Интернете. Наверное, это еще один повод стремиться к профессиональной карьере в иммиграции, а не переучиваться на парикмахера.

О работе с развивающимися рынками

Наравне с мифом о русском происхождении как препятствии я сталкивалась и с противоположным: желанием использовать его для поиска работы, связанной с российским рынком. Однако часто представления об уровне интереса к рынку России в Америке и его относительном размере по сравнению с другими странами сильно завышены. Если ваша цель — именно карьера в международной корпорации, то вы сильно ограничите себя в выборе, идя по этому пути.

Получить позицию, связанную с Россией, русскоговорящим всегда проще, а вот вернуться на «глобальные» должности тяжелее, придется вновь доказывать свое умение добиваться результатов вне родной страны. Дело в том, что для американцев или европейцев успех ведения бизнеса на развивающихся рынках является свидетельством умения работать в условиях другой культуры. Но выходцы из той же страны, независимо от цвета паспорта, лишь возвращаются в свою среду. Я неоднократно отказывалась от работы и даже серьезного повышения, связанного с репатриацией, исключительно потому, что в таких предложениях таится барьер к дальнейшему карьерному продвижению. Многолетнее наблюдение за карьерами знакомых, согласившихся на переезд обратно, независимо от компании и индустрии, лишь укрепило меня в этом убеждении.

Тем не менее первоначальный опыт работы в России, несомненно, мне помог и продолжает быть полезным в проектах, связанных с развивающимися странами, от Азии до Восточной Европы. Главные составляющие успеха на таких рынках можно уложить в два слова: сомнение и доверие. Сомнение в своей извечной правоте и доверие к идеям, привнесенным из других стран. Всем людям свойственно доверять опыту своему и носителей своей культуры больше, чем опыту выходцев из чужой среды. И американцам, и русским, и венграм, и китайцам, и бразильцам. Им непросто отнестись к своему опыту чуть более скептически и согласиться попробовать что-то другое. Начинают бороться две силы. С одной стороны — «я свой рынок знаю, у нас такое не сработает, это вам не Америка», с другой — «не надо изобретать колесо; везде работает, с чего бы это ему не сработать и тут?». В этой борьбе между двумя позициями точка баланса будет уникальна для каждого рынка и ситуации: что-то действительно не переносится, а что-то поможет начать вести дела по-другому. Абсолютной формулы нет — результат во многом зависит от опыта и готовности к эксперименту. Я не думаю, что мне быстро удалось бы избавиться от недоверия или усомниться в своей правоте самостоятельно. Но как раз в моем случае совмещение российского происхождения и первоначального опыта с опытом американским и международным помогает несколько отстраниться от культурных особенностей, не теряя их при этом из виду.

В 1997 году предсказания аналитиков о том, что Китай через пять-семь лет станет вторым по величине рынком IT, украшали все бюджетные запросы, но при распределении денег еще казались рождественской сказкой. Тем не менее рост уже становился заметен, и, поняв, что существуют границы применимости моего российского опыта к китайскому рынку, я собралась на две недели в Пекин.

Первым делом мне нужно было посетить американское посольство. Юриспруденция различает три категории в иммиграционном законодательстве: право на пребывание внутри страны, право на работу и право на пересечение границы при въезде. Последнее могло быть подтверждено только штампом визы в действительном иностранном паспорте, проставленным в американском посольстве вне США. Разница во времени сыграла мне на руку, и, проснувшись в пять утра, я отправилась за визой.

В то время Китай был еще вполне социалистической страной. На домах висели красные лозунги. Не зная иероглифов, я могла поклясться, что на них написано что-нибудь типа «Да здравствует китайский народ — строитель коммунизма» или «Народ и партия едины». Наш офис был относительно невелик, несколько сот человек. Жизнь командированных напоминала гарнизонную: все знали всех, новым людям «с большой земли» радовались, интересовались, как там дела, дома, в Америке.

Все посольства в Пекине были собраны в один район, стенка к стенке, и охранялись снаружи китайской милицией. В начале шестого утра очередь у американского посольства заворачивала за угол и скрывалась в утренней дымке. Российская закалка не подвела: нашелся список, куда меня занесли номером сто восемьдесят шестым, утешая, что первые триста обычно проходят. И тут кто-то выяснил у меня два важных факта: что я уже почти полгода живу в Америке и говорю по-русски. Среди тех, кому на тот момент перевалило за сорок, говорящих по-английски было мало, зато русский знали многие, так как из-за «культурной революции», надломившей систему высшего образования в Китае, оканчивали институты в России. Вопросов у отправляющихся в Америку было множество: как получают номер социального страхования и водительские права, открывают счет в банке, переезжают из штата в штат. С открытием посольства благодарные слушатели решили пропустить меня без очереди.

Русский язык сослужил мне хорошую службу еще раз — уже во вполне рабочей ситуации. Наш австралийский командированный Р. явно делал карьеру на рассказах начальству из штаб-квартиры о том, как непрофессиональны и малообученны китайцы: мол, они не умеют написать ни предложения заказчику, ни маркетингового плана, а уж у бизнес-партнеров требования запредельные и условия договоров они не читают. Карьера героя Р. росла бы и дальше, но тут развивающиеся рынки в дивизионе перешли в мое ведение. Я стала задавать странные вопросы, например, в чем же заключаются и чем продиктованы несуразные требования партнеров и какие условия предоставляют им японские и корейские компании. Я уже не помню всю историю наших мелких стычек за давностью лет, но Р. повез меня к тому самому «типичному», по его мнению, партнеру, чтобы продемонстрировать ситуацию наглядно. Мы обменивались сдержанными любезностями, пока не всплыл факт моего русского происхождения. И где, вы думаете, глава китайской компании окончил университет? Мы перешли на русский.

— У меня дядя — министр внутренних дел. Я поставил сервер и шесть терминалов в кабинеты к его заместителям, — рассказывал партнер. — Один экран сгорел. И этот австралийский идиот не понимает, что я не могу ждать шесть недель замену по обычным условиям для дилеров. Это же тест на то, какова будет наша основная поставка!

— На каком языке вы беседовали? — спросил меня Р., когда мы вышли из кабинета. Он заметно побелел, и у него нервно подрагивал угол глаза.

— На китайском, конечно.

Сегодня я уже никогда бы не допустила такой грубой шутки, но, к сожалению, дипломатичность никогда не была моей сильной стороной — мне пришлось тяжело и болезненно осваивать ее на более поздних этапах карьеры. Р. досрочно завершил свой китайский вояж и сгинул в недрах австралийского отделения, а мы впоследствии заключили с китайским партнером крупный контракт, и мне даже довелось лично познакомиться с его дядей во время его американского визита.

...После получения американской визы, отдышавшись от похода в посольство, я ринулась на новый штурм. Через день по возвращении из Китая мне предстояло лететь в Мексику, так что пришлось заложить в план и посещение мексиканского посольства в Пекине. Помня о первом опыте, я явилась к дверям к открытию.

У входа, не шелохнувшись, замерли два китайских милиционера — ни один из них не дернулся поинтересоваться, что мне нужно в чужом посольстве. За тяжелой дубовой дверью оказался пустой коридор с кожаным диваном и рядами запертых дверей. Первый час я читала техническую презентацию, захваченную из офиса. Еще час размышляла о своей тяжелой судьбе и о том, не случился ли в Мексике какой-нибудь переворот, заставивший всех работников посольства спешно сложить чемоданы. Как еще объяснить полное отсутствие людей в офисе через час после его официального открытия, мне, незнакомой еще с понятием «мексиканское время», в голову не приходило.

Потом пришел высокий донжуан средних лет с подкрученными усами и обходительными манерами. Он опустился на колено перед кожаным диваном, покрытым листами презентации, и, никуда не спеша, стал выяснять, что же делает в пустом посольстве очаровательная сеньорита, а узнав, что сеньорита живет в Нью-Йорке, совсем растаял:

— Я бы с удовольствием выдал вам визу! Но для этого нужна подпись консула, а я всего лишь атташе по культуре. — Его английский был безукоризненным, и он явно не спешил решать животрепещущие вопросы культуры. К приходу следующего атташе мы успели обсудить последние фильмы и уже приступили к проблеме ближайших выборов.

Узнав всю историю несчастной русской сеньориты, следующий атташе тоже растрогался. И так как виза требовала подписи консула, а он был всего лишь атташе по торговле, то я собрала презентации, освободив место на диване, и мы продолжили обсуждение американской политической жизни уже втроем. Потом пришла какая-то дама, уже из отдела виз, но еще без ключа, и мы перешли к вопросам моды. Мексиканское посольство жило по тем же самым законам гарнизона: гость с родного континента был желанным поставщиком последних новостей. К появлению консула мой диван стоял посреди светского салона, не хватало лишь коктейлей в руках.

Впрочем, при появлении консула у всех разом нашлись срочные дела, и, наперебой объяснив ему мою ситуацию по-английски и по-испански, мои гостеприимные собеседники разлетелись по кабинетам. За исключением пары услужливых работников визового отдела, сразу принявших неприступный вид. Консул хмуро читал мой паспорт, страницу за страницей, прямо в коридоре, не присев на злополучный диван.

Потом он перешел к приглашению, потом к письму от IBM, обещавшему мое хорошее поведение, здоровый образ жизни, оплату лечения и чуть ли не вывоз трупа, случись что со мной в солнечной Мексике, потом анкету. Затем он спросил меня на чистом русском языке:
— Какой факультет МГУ вы оканчивали?
По загадочному стечению судеб консул окончил географический. А еще говорят, что джентльмены узнают друг друга по оксфордскому галстуку.

Русский акцент звучит уверенно

У меня никогда не было страха перед публичными выступлениями — видимо, сказалась практика игры в школьном театре. И с прессой мне приходилось общаться раньше, однако перед первой пресс-конференцией в качестве главы Linux меня охватила настоящая паника. LinuxWorld была главной конференцией года, привлекавшей огромное количество журналистов и аналитиков. Практически все продуктовые линейки выходили с новыми объявлениями, и мы традиционно организовывали пресс-конференцию, которую мне предстояло вести. За пресс-конференций следовали два дня непрерывных, друг за другом, индивидуальных получасовых встреч с прессой, аналитиками, заказчиками и партнерами.

Страх перед пресс-конференцией объяснялся не только ее размахом, но и моим более ранним опытом общения с журналистами. По правилам американской прессы журналист не может изменить сказанное его собеседником — все будет процитировано дословно. Но в попытке подать сказанное под определенным углом зрения он может выбрать одну часть предложения, или урезать цитату, или вынуть ее из контекста. В одном из своих первых интервью много лет назад я попалась на эту уловку, употребив фразу с «негативом»: «Мы спонсируем такие-то и такие-то конференции, но не спонсируем те, которые…». Естественно, из всего диалога в интервью вошла единственная фраза «мы не спонсируем те конференции, которые...». Журналист выставил меня излишне категоричной и негативно настроенной. С тех пор я очень тщательно слежу за каждой произносимой фразой, что и так непросто на неродном языке, да еще сама область открытого кода полна противоречивых мнений — никто из моих предшественников не избежал провокационных вопросов.

— Мы разослали приглашения познакомиться с новой главой Linux в IBM, получили уже около 30 подтверждений и больше десяти заявок на личные интервью... — на этой фразе главы отдела по связям с прессой я впервые физически ощутила, что такое «тошнит от страха». Это не фигура речи, это когда быстро благодаришь всех на конференц-колле за хорошую подготовку, бежишь в туалетную комнату и от паники тебя выворачивает наизнанку. Я пыталась применить подход, описанный в сериале Lost: разрешить себе бояться десять минут, а потом успокоиться. Получилась лишь первая часть. Оставалось бороться привычным бойскаутским способом: хорошей подготовкой. Все выходные я досконально разбиралась в технических подробностях каждого из полутора десятков пресс-релизов, деталях новых продуктов и истории юридических вопросов. Помогло чуть лучше, но меня все равно почему-то очень пугало наличие акцента.

— Это хорошо, что у тебя русский акцент, — сказал мне глава отдела по связям с прессой. — Русский акцент, в отличие от многих других, звучит для американского слушателя авторитарно и уверенно. А производить уверенное впечатление во время интервью — это уже полдела.

Все прошло нормально, интервью и пресс-релизы появились в сотнях изданий — Internet News, CNET, CNN Money, ComputerWeekly, IT Pro, Wall Street Journal. Уже практически без страха я провела пресс-конференцию на следующий год, а со временем совершенно перестала их бояться и давно потеряла счет. Сейчас даже не могу понять, почему наличие акцента вызывало у меня тогда такую тревогу. То ли русский акцент и вправду звучит уверенно, то ли мой глава отдела по связям с прессой был отличным психологом, но ни одной проблемы, связанной с акцентом, даже во время интервью на радио и ТВ, у меня не возникало.

Реальное оскорбление: что делать?

Я бы покривила душой, если бы сказала, что не сталкивалась с реальными обидами. Оговорюсь, что именно обидами, а не дискриминацией, представляющей собой создание неравных условий работы или повышения по карьерной лестнице. IBM исторически следит за полным и реальным равенством в правах. Первая женщина — вице-президент появилась у нас в компании в 1943 году, а сегодня более тысячи женщин по всему миру занимают должности ранга executive, причем три четверти из них — работающие мамы.

В русскоязычном Интернете очень часто встречаешь жалобы на «трату времени» на курсы по diversity* и непонимание того, как благодаря таким программам за последние 30–40 лет кардинально изменился социальный климат в корпоративной Америке. Даже если и встречаются перекосы, стоит вспомнить, что маятник проходит весь путь от одной крайности до другой, прежде чем застыть в точке равновесия. Означает ли это, что сегодня случаи грубости или попыток поставить сотрудницу в неравные условия полностью изжиты? Случиться может все. Вопрос в том, является ли это политикой компании — гласной или негласной — или же это ЧП, которое будет исправлено.

---

* Diversity — «разнообразие» (англ.). Сегодня многие американские корпорации стараются привить сотрудникам понимание того, как разнообразие национального, расового, религиозного, гендерного состава обогащает коллектив.

Ситуацию классической дискриминации я наблюдала в России, и то много лет назад. Мой русский начальник попросил секретаршу выкидывать приходящие на факс женские резюме (я как раз нанимала специалистов к себе в отдел), сказав, что «нам больше девочек не нужно». Я поговорила с ним напрямую, забрала у секретаря все пришедшие резюме и отобрала лучшего кандидата. Им оказалась женщина — к слову, в первый же год превысившая план продаж. Правда, с ней же оказалась связана и другая неприятная история.

Один из наших пожилых клиентов пожаловался генеральному директору, что их как заказчика ведет «девочка-блондинка». А когда он, раздосадованный этим обстоятельством, велел ей привести начальника, «та привела другую блондинку» — меня. Наш генеральный директор, англичанин, был в шоке, потому что как он ни допытывался, что же именно мы сделали не так, клиент не скрывал, что обижен исключительно нашим полом и возрастом: он полагал, что серьезных заказчиков ведут мужчины. Первое, что сделал генеральный директор, рассказав мне о жалобе, — извинился передо мной от имени компании. К слову, через месяц он повысил меня в должности. Ситуацию с заказчиком мы договорились решить миром, приписав к команде инженера-мужчину, которого просили периодически ездить на встречи. Неприятно, но этот случай никак не повредил ни моей карьере, ни карьере моей подчиненной.

В Америке у меня произошел всего один подобный казус, и его можно было бы отнести скорее к категории бытовых обид, если бы он не случился в присутствии партнеров и сотрудников. Меня сильно обидел коллега из Европы, когда я пыталась исправить им же созданную ситуацию. Мы присутствовали на торжественном обеде с вручением наград, места были расписаны — победителей сажали ближе к сцене, чтобы им было удобно выйти. Но мой обидчик план рассадки проигнорировал, усадив всех партнеров из своей страны за столик, где я была официальной хозяйкой. Победителям в спонсированной мной категории не хватило места. Спорить при партнерах было некрасиво, я стала договариваться с организаторами, чтобы они добавили пару стульев, обещая гостям, что сейчас ситуация разрешится, и услышала:

— Что вы можете решить, вы же женщина!

В приличном обществе в Америке эта фраза просто немыслима. Я увидела, как напрягся мой сосед, вице-президент крупной международной компании. Чтобы не раздувать конфликт, я отшутилась, что «как женщина, решаю более сложные проблемы», успокоила американских партнеров, договорилась с организаторами о пересадках. Незнакомые люди, ставшие свидетелями диалога, подходили ко мне впоследствии извиниться за поведение коллеги и выразить свое возмущение. Пришлось объяснять, насколько это нетипично для нашей компании, а потому, несомненно, дело в переводе или недопонимании. Но, признаться честно, чувствовала я себя очень неприятно, а так как непосредственно с обидчиком я не была связана по работе, то позвонила коллеге из отдела кадров. Они связались с региональным офисом, и оказалось, что это не первая жалоба, поступившая на этого человека от сотрудниц. На этот раз местное начальство приняло более серьезные меры — рецидивы в таких ситуациях означают, что провинившийся сотрудник представляет опасность для нормальной рабочей обстановки.

В моей практике такой случай был всего один, и то, как прореагировала компания на эту ситуацию, вселяет уверенность, что подобное поведение удастся искоренить.

Стоит ли всегда обращаться в отдел кадров? Вряд ли есть совет на все случаи жизни. Я выбрала этот путь по ряду причин. Обидчик занимал высокую позицию, и мне бы не хотелось, чтобы о нашей компании судили по одному хаму.

Более того, в подчинении у него были другие женщины, и я чувствовала ответственность за то, чтобы подобное не повторилось с ними. Мы были ранее незнакомы, так что прямая конфронтация или беседа по душам была бы неуместна, и, кроме того, мне хотелось, чтобы с ним поговорили люди одной с ним культуры. К тому же, хорошо зная политику IBM в отношении таких ситуаций, я полностью доверяла сотруднице отдела кадров. Возможно, вы предпочтете сначала побеседовать со своим начальником или с ментором. Главное, если вы уверены, что вас обидели по причине пола или происхождения, не молчите, потому что иначе эту проблему до конца не искоренить, да и горечь копить в себе не стоит.

Другое дело, конечно, что именно считать обидой и сколько эмоций на это тратить. Например, как я уже писала выше, я не обижаюсь на шутки и люблю сама шутить над своим акцентом и непроизносимой фамилией. Каждый раз, когда у меня меняется секретарь, ей приходится тренироваться, чтобы, отвечая на телефонный звонок, выговорить «Офис мисс Кузнецовой», — распространенная русская фамилия очень сложна для американцев. Я вполне могу в шутку спросить звукооператора вебкаста, может ли он убрать в записи мой акцент. Или, увидев, как человек старается, но невольно коверкает мою фамилию, предложить не мучиться и называть меня Инной, «потому что я, как Шер, известна в этой компании под одним именем». Акцент или сложная фамилия — это безобидная слабость, и людям легче общаться с теми, кто относится к себе не слишком серьезно.

Если рабочих проблем не было, то без бытовых обид наша семья не обошлась, особенно вначале, когда мы еще не привыкли к реалиям местной жизни и акцент был сильнее. Например, дети из неблагополучной среды зло подшучивали над дочкой в школе. Правда, их агрессия была скорее самоутверждением за счет непопулярной новенькой, а не конфликтом на национальной почве. Я поговорила с учителями, и они попытались помирить и подружить девочек, проводили с ними беседы, пытались найти, что их сблизит.

Единственный случай, который меня задел, — это оговорка одной из учительниц:

— Ну что поделать, у нее такой смешной акцент!

Привыкнув не давать спуску оскорблениям, я поинтересовалась, говорит ли она и родителям инвалида, что тот смешно хромает, и не стоит ли мне уточнить мнение на этот счет совета образования города. Вышли мы из этой ситуации как в английской поговорке: «То, что не убьет, сделает тебя сильнее». Меня она заставила лучше разобраться в механизмах решения проблем в местной школьной системе, а дочку — быть терпимее в общении с одноклассниками. Правда, параллельно муж тайком от меня научил ее драться, но, к счастью, это умение ей пригодилось лишь для повышения самооценки.

Привычные и новые традиции

Проблемы, которые нам мешают, проистекают, как правило, не из самого нашего происхождения, но из определенных норм и манеры поведения, с ним связанных. То, как люди общаются между собой или разговаривают с подчиненными в своей стране, иногда входит в конфликт с местной традицией. Я не сталкивалась с барьерами пола или происхождения, но налетала на препятствия, которые сама же неосознанно воздвигла.

Например, неумение давать вежливый и грамотный негативный отзыв подчиненному о его работе мешает в карьерном продвижении: человека с репутацией плохого начальника повышают редко. Однако стиль и принятая манера отзыва в американской и русской культуре сильно разнятся. И если вовремя не освоить «перевод», то получится, что именно происхождение, по сути, станет препятствием на пути дальнейшего повышения. Возможно, вы от природы не плачете. Или не работали в российских компаниях, а сразу учились общению на американский лад. Тогда многое из приведенного ниже для вас неактуально. Однако я была бы рада, если бы кто-нибудь поделился со мной этим соображением в начале карьеры, а значит, некоторым читателям эти наблюдения тоже могут пригодиться.

— В американской корпоративной культуре не принято морально добивать противников в споре в целях самоутверждения. Люди помнят, что они должны продолжать работать вместе, а значит, приходится общаться уважительно и не гасить в собеседнике желание встречаться с вами в дальнейшем, даже если это потребует дать им сохранить репутацию и самоуважение в проигранном споре.

— Негативный отзыв, как правило, строится по принципу «сладкой обертки»: похвалить — поругать — задать положительную мотивацию. Вместо «презентация звучит неважно» говорится «мне понравилась логика [похвалить], но вот факты изложены несколько сумбурно [поругать], если эту часть упростить, получится лучше [задать положительную мотивацию]». Начинать и заканчивать принято на позитивной ноте, потому что пилюлю в сладкой облатке принять проще. Если вы работаете с американцами, то, скорее всего, руководите людьми, которых с детства приучили получать отзывы в такой форме. Так что если вы не исходите из тезиса «мой кабинет — мои правила» и не пытаетесь научить коллег русскому языку и стилю общения, то лучше использовать привычный для них вид оценки. Впрочем, более уважительная и позитивная форма отзыва прекрасно работает независимо от национальности.

— Существует интересный элемент акцента: степень модуляции и эмоциональности в голосе. Я долго не могла понять, почему временами слушатели считали, что я повышала голос, хотя я точно знала, что говорила тихо, например, могла спросить у соседей по комнате, слышали ли они мой голос на расстоянии. Оказывается, в американской и английской культурах излишнее «выражение» и модуляция свойственны крику и воспринимаются на слух как повышение голоса. Я сделала для себя простой вывод: если речь заходит о неприятных моментах, необходимо искусственно снижать эмоциональность в голосе, говорить ровно. Люди слышат «по-другому», и недопонимание не возникнет.

— Человек, говорящий медленно, воспринимается как более уверенный в себе. Когда мы в глубине души сомневаемся, что нас дослушают до конца, то начинаем «частить». Ориентиром должна стать скорость сценической декламации. Послушайте речь хорошего оратора — она медленнее, чем повседневная беседа на кухне. Та же «ораторская» скорость хороша для общения с большой группой, а еще более медленная — если вы говорите по телефону или записываете вебкаст. Стоит несколько недель последить за собой, и новая скорость войдет в привычку.

— Высокий голос считается признаком нервозности, потому что, нервничая, мы естественно повышаем тональность. Многие женщины и так имеют высокие голоса от природы, что в экстремальной ситуации создает ощущение визгливости. Поэтому чем больше я нервничаю, тем ниже стараюсь говорить. Этот подход имеет побочный положительный эффект: воспитание рефлексии, то есть привычки задумываться о причинах вопросов, действий и выбора слов. Она заставляет отслеживать обстоятельства, из-за которых вы начинаете нервничать, а значит, лучше планировать собственные ответные действия.

— Та же рефлексия позволяет предотвратить другой неизбежный эффект нервозности — желание заплакать. Слезы на работе — это признак слабости и непрофессионализма, в плачущей трудно увидеть лидера. Но как бороться, если это физиологическая реакция? Лично у меня она более чем развита, так что пришлось искать свои методы контроля. Они помогают мне отследить, когда именно возникает желание заплакать и спросить себя: откуда оно? В моем случае это, как правило, была реакция на несправедливость или ситуацию, которая находится вне моего влияния, например на конфликтующие друг с другом указания, полученные от двух вышестоящих лиц, или на лишение меня того, что, как я думала, принадлежит мне по праву. Разобравшись в причине, можно спросить себя: понимает ли собеседник, что противоречит указанию своего же начальника? Имеет смысл объяснить ему это сейчас или лучше позже? Тут включается аналитическое мышление, эмоции отступают естественным путем, а значит, и исчезают слезы из голоса.

Не втягивайте лестницу

Если вы дочитали до этого места, то, наверно, проблема меньшинств в корпоративной среде вам небезразлична, к какому бы из них вы себя ни относили. А потому, забравшись на верхние этажи корпоративной иерархии, помогите другим последовать за вами, чтобы самому перестать ощущать себя в меньшинстве.

Сегодня в профессиональной среде в Америке никого не удивишь ни тем, что женщина находится на высокой должности, ни своеобразным акцентом, потому что предшественники проложили нам путь. Хочется верить, что через несколько десятилетий эта глава будет вызывать такое же недоумение, как популярный совет женщинам в 70-е годы носить мужеподобные пиджаки и галстуки, чтобы меньше выделяться внешне на фоне коллег-мужчин.

Глава 5

«Я спросил у тополя»: работа с ментором

Признавшись в своей слабости, человек становится сильнее.

О. де Бальзак

Сколько раз мы оказывались в ситуации, которую трудно разрешить, не спросив совета! Немалая часть таких ситуаций является столь конфиденциальной, что ею нельзя поделиться с начальником и коллегами. Например, стоит ли поменять работу или получать MBA, как пройти без потерь через конфликт в отделе, что означает реорганизация или как лучше попросить о повышении. Все эти вопросы можно задать своему ментору. Роль ментора и само понятие менторства широко распространены в американских компаниях и играют большую роль в воспитании следующего поколения лидеров внутри организации и индустрии. Слово mentor переводится как «наставник» или «учитель», и многое из того, что он делает, объясняется этими понятиями. Ментор помогает ученику (mentee) как в профессиональных, так и в карьерных вопросах. Кроме того, он может нарисовать более общую картину происходящего в организации, познакомить с людьми, принимающими решения, сгладить углы в напряженной ситуации или порекомендовать вас на следующую позицию.

Инициатива в поиске ментора, организации регулярных встреч и выбора темы беседы должна исходить от того, кому эти отношения необходимы в первую очередь, то есть от mentee (ученика). Вопросы, которые стоит обсуждать с ментором, зависят от того, с какой целью и на какой срок вы его выбрали.

Прежде всего это, конечно, специфические профессиональные вопросы — например, выбор модели продаж или архитектуры компьютерной системы. Вряд ли стоит использовать время ментора для обсуждения вопросов, ответы на которые легко получить у непосредственного начальника или найти в предметной литературе. Но случается, что начальник не имеет практического опыта непосредственно в вашей области. Другая, не менее важная сфера — и тут индивидуальный опыт ментора просто бесценен — это карьерные вопросы: какую из предложенных позиций выбрать, стоит ли взяться за дополнительный проект, как решить проблемы офисной политики. Большинство из них не имеет однозначного ответа — вам нужен опытный собеседник, с которым их можно обсудить. Ментор также может понаблюдать за вами в работе и дать совет: например, посоветовать чаще выступать на встречах или, наоборот, не перебивать остальных. И наконец, если вы ориентируетесь на построение карьеры внутри крупной организации, то третья важная область — это общее представление о ее устройстве, эволюции, гласных и негласных правилах. Например, какой опыт надо иметь, чтобы попасть на определенный уровень руководства, какая последовательность позиций лучше туда приведет и каков механизм попадания в нужные вам программы. Если же ваша карьера предполагает переход внутри индустрии или развитие собственного бизнеса, ментор может дать совет о не обобщенных в явном виде правилах сообщества. Например, человек, успешно создавший и продавший несколько стартапов, может немало рассказать о том, как искать инвесторов или кто из потенциальных CEO может скорее повысить стоимость компании.

Поэтому перед тем, как выбирать ментора, имеет смысл обдумать, какой круг вопросов у вас уже возник или предвидится в ближайшее время, и исходя из этого определить качества, которыми он должен обладать. Конечно, вы не всегда сможете найти все, что вам требуется, в одном человеке, скорее, окажетесь в роли той самой невесты, что мечтала к лицу одного жениха приставить нос другого. Но, в отличие от нее, вы сможете обратиться за помощью к двум менторам сразу.

Выбор ментора

Ясность в том, *что* именно вы пытаетесь получить от таких взаимоотношений, — залог их успеха. Не стоит путать менторство и единичный совет: большинство из нас поддерживает сеть связей и знакомств в компании и индустрии и, как правило, легко может такой совет получить. Менторство — это долгосрочные отношения, инвестиция времени и сил с обеих сторон. Возможно, прежде чем согласиться стать вашим ментором и рекомендовать вас другим, человек захочет узнать вас получше и убедиться, что вы действительно добиваетесь успехов. Так что рассчитывать надо именно на круг вопросов, которые вы собираетесь обсуждать регулярно в течение ближайших нескольких лет.

Я стараюсь, чтобы у всех подчиненных, имеющих планы и возможности дальнейшего продвижения, были достойные менторы внутри компании. Обычно я предлагаю начать с определения нескольких ключевых параметров — не только круга вопросов, но и того, чьи именно советы будут ценны и с кем проще работать.

Когда я впервые выбирала себе ментора, мне было важно, чтобы это была женщина. Проработав в Америке всего

несколько лет, я еще сохраняла тогда многие мифы и предубеждения из прошлой жизни. В частности, тогда мне казалось, что есть большая разница в том, как мужчины
и женщины продвигаются по карьерной лестнице, правда,
меня волновал не столько пресловутый баланс организации
работы и досуга, сколько именно вопрос роста. Например,
продвижение всегда связано со сравнением себя с другими.
Еще со школьных времен я привыкла сравнивать себя исключительно с представительницами своего пола и позже,
оказавшись в преимущественно мужском коллективе на
первой работе, продолжала равняться на других женщин.
Социальные установки и нормы общества это поощряли —
тогда даже фраза профессора «Вы первая женщина, задав-
шая мне такой глубокий вопрос по этой теме» воспринималась как комплимент.

Однако со временем я начала задумываться, не опускаю
ли я для себя планку слишком низко, ограничивая группу
сравнения. Нобелевских лауреатов или генеральных директоров выбирают не из «женщин» и «мужчин», а из общей
группы равноценных ученых или профессионалов по их
достижениям, навыкам и другим факторам, никак не связанным с полом. Как-то раз еще в России заказчик сказал,
что я первая, кто смог доходчиво объяснить ему некоторую
технологию, хотя он говорил со специалистами в трех компаниях — и это тем более удивительно, потому что я женщина. Нежелание грубить удержало меня от острого ответа,
но я все-таки поинтересовалась, ожидал ли он, что, будучи
женщиной, я хуже разбираюсь или хуже объясняю? Клиент
смутился, так что контракт мы подписали даже на большую
сумму, чем я рассчитывала, — ему явно хотелось загладить
неловкость. Я стала задумываться, с кем сравнивают меня
и с кем я сравниваю себя сама.

Однако до отъезда в Америку мои стандарты так и оставались двойными. С одной стороны, я встречала в штыки

любые намеки на более низкий уровень профессионализма по причине пола, с другой — гордилась не просто тем, что стала начальником одного из секторов, но и тем, что среди нас было лишь три женщины. А в американском офисе IBM женщины работали на всех уровнях. Пусть их было меньше на высших руководящих позициях, но это были совсем не единичные представительницы, а вполне многочисленная и растущая группа. Я повседневно встречалась с женщинами, занимавшими более высокие позиции, и постепенно сам факт деления по полу отступил на второй план.

Первого ментора я выбрала еще по старой памяти — среди женщин, полагая, что гендерный фактор сильно влияет на продвижение. Однако со временем я заметила, что в наших беседах нет женской специфики. Ни мои вопросы, от организации каналов сбыта до возможного обсуждения перспектив моего повышения с начальником, ни ее ответы от пола не зависели. Зато я поняла, что мое понимание своих лимитирующих факторов сместилось в сторону неамериканского происхождения. Возможно, потому, что как раз тогда я задумалась о специфике коммуникаций внутри американского социума — например, о наиболее эффективной манере давать негативный отзыв.

Когда я получила должность директора и стало ясно, что следующее продвижение сравняет меня в должности с моим ментором, мой начальник предложил мне найти еще одного ментора среди руководителей более высокого ранга. Он справедливо рассудил, что человек, занимающий позицию на несколько уровней выше, сможет лучше помочь мне с советами по карьере. Задумавшись о своих собственных барьерах на пути к продвижению, я выбрала второго ментора среди европейцев. М. добился больших успехов в нашей корпорации, имел схожее со мной профессиональное прошлое и карьерное направление. Этот выбор оказался очень удачным. М. необыкновенно помог мне и в профессиональном росте, и в карьерных вопросах. Во многом это стало возможным благодаря общности происхождения и, как следствие, общего понимания ряда реалий и сложностей. Например, мне не пришлось детально объяснять М., почему я отказалась от повышения, требовавшего возвращения в Восточную Европу. Он поддержал мой выбор и помог сгладить острые углы, вызванные этим отказом.

Каждый человек уникален в определении критериев, которыми он руководствуется при выборе ментора. Например, один из моих подчиненных вышел из научной среды и до перехода в бизнес вел исследования в области молекулярной биологии. Я тогда занималась маркетингом компьютерных систем для компаний, специализирующихся в сфере фармацевтических исследований, и нанимала людей с соответствующим опытом, которые могли грамотно рассказать разработчикам лекарств о наших продуктах. Мой подчиненный был прекрасным маркетологом, но хотел оставаться в курсе того, что происходит в науке, поэтому выбрал себе ментора из отдела исследований. Сегодня он руководит маркетингом в новой биотехнической компании.

Другая сотрудница собиралась со временем уйти в стартап и искала ментора, имеющего опыт вне IBM, чтобы ориентироваться на навыки, которые ценятся в индустрии. К слову, она до сих пор работает у нас, в отличие от выбранного ею ментора, — никогда заранее не знаешь, как изменятся со временем твои приоритеты.

Это лишь два примера. Иногда критерием служат географическое местоположение, позволяющее встречаться лично, а не общаться по телефону; опыт в определенных профессиональных областях; возраст или особенности карьерного пути; умение работать с прессой и выступать публично — всего не перечислишь. Главное, чтобы это был человек, у которого вам хочется учиться, к чьим советам вы хотели бы прислушиваться, тот, кто вызывает у вас доверие и, что немаловажно, хочет помочь вам.

Единственное, чего я обычно рекомендую избегать, — выбора ментора внутри своей вертикали подчинения. Досрочный переход на другую работу или не сложившиеся отношения с прямым начальником трудно будет обсуждать с его руководителем. Желательно иметь возможность задать любые вопросы, какими бы болезненными они ни оказались, а в случае прямого подчинения может возникнуть конфликт интересов. Кроме того, находясь вне вашей непосредственной структуры, человек видит ее немного с другой точки зрения и может прибавить много интересного к вашему пониманию ситуации.

Встречи с ментором

Общение с ментором, как правило, происходит два-три раза в год. Следует заранее обдумать, как лучше использовать это время, что на данный момент вызывает у вас недопонимание, в решении каких вопросов требуется помощь. Если к встрече не подготовиться, то продуктивность ее будет не выше, чем диалог с деревьями в песне «Я спросил у ясеня». Самостоятельный анализ — это первый этап решения проблемы. Ее надо сформулировать просто и понятно для человека со стороны, а значит, не просто выделить, но и задаться вопросом «Почему это происходит?». Часто анализ способен завести вас дальше. Например, вы ставите вопрос: «Почему внешние каналы сбыта не выполняют план продажи?» — и, начав мысленно объяснять это своему ментору, придете к уточнениям. В итоге, сузив вопрос («Низкий процент прибыльности не позволяет ввести дополнительные скидки для дистрибьюторов, чем еще привлечь их внимание?»), вы получите основание для гораздо более предметной беседы.

Даже если вы знаете, над чем и как надо работать в ближайшие полгода, все равно пропускать встречи с ментором не стоит. Имеет смысл держать его или ее в курсе вашей жизни и работы, узнать его мнение о процессах, происходящих в компании или индустрии. Это помогает поддерживать ваши отношения на должном уровне, своевременно напоминать о своих успехах и заодно расширять собственный кругозор. Разумеется, в экстренных случаях, например при смене работы или конфликте с начальством вплоть до мыслей об уходе, следует поговорить с ментором «вне расписания» регулярных встреч.

Во многих крупных компаниях существуют формальные менторские программы — в частности, мне очень повезло, что они есть в IBM. Подозреваю, что я далеко не сразу набралась бы храбрости попросить незнакомого человека помочь мне в развитии карьеры. Однако инициатива по принятию участия в программе, выбор ментора и организация регулярных встреч лежит на вас. С просьбой стать ментором можно обратиться к любому человеку и вне вашей компании — в худшем случае вы получите отказ. Что подведет нас к размышлению над другим вопросом: почему люди соглашаются или не соглашаются стать менторами? Поняв их мотивы, вы лучше сможете выбрать себе ментора и эффективнее выстроить ваши отношения.

Стать ментором

По моим наблюдениям, многие из сделавших успешную карьеру рады помочь тем, кто хочет помочь себе сам. У представителей меньшинств это часто связано с желанием помочь тем, кто идет по тому же нелегкому пути, по которому прошли они. Но главное, бизнес всегда требует поиска сильных кадров, а менторство позволяет распознать потенциальных лидеров, воспитать их и привлечь к своим проектам. Заняв через несколько лет более высокую позицию, вы, вероятно, сможете помочь своему ментору, например, дополнительным вниманием к развитию его продуктовой линии в вашем регионе или поддержкой исходящей от него инициативы. Менторские отношения способствуют развитию связей, которые со временем станут все более полезными для обеих сторон. Однако это, в свою очередь, означает, что вы должны достаточно трезво оценить свои перспективы и действительно работать над своей карьерой. Если ваши шансы добиться успеха сильно преувеличены, то и отдача от таких отношений для ментора будет меньше.

Другая причина, по которой руководители соглашаются стать менторами, — это желание иметь дополнительный источник информации о том, что происходит в индустрии, в другой части компании, в другом регионе или просто на другом уровне в организации. Такие менторы часто задают на встрече вопрос: как дела в вашем дивизионе или стране, например, как идут продажи продуктовой линейки, которой он руководит.

Причины, побуждающие людей стать менторами, куда более многообразны, чем приведенные выше. Обдумав заранее, как вы сможете помочь друг другу, вы будете более убедительны, высказывая человеку просьбу стать именно вашим ментором, особенно если речь идет о компаниях, не имеющих формальных менторских программ.

Когда меня в первый раз попросили стать ментором, я была польщена и согласилась не задумываясь. Причиной выбора было то, что один из наших молодых сотрудников-американцев мечтал уехать поработать на развивающихся рынках, и его заинтересовал мой опыт работы в России. Со временем, однако, таких просьб становилось все больше, и хотя не все поддерживали отношения регулярно, нагрузка на мое расписание все равно возросла. Пришлось стать более избирательной в отношении тех, с кем я соглашаюсь работать. Мне всегда приятно, когда я могу помочь, но прежде всего хочется видеть в кандидатах проявление лидерских качеств, которые позволят сделать хорошую, а при должной помощи — блестящую карьеру. Отдача от таких отношений весьма велика, и нет лучшего способа познакомиться с «чемпионами» компании, чем поучаствовать в их росте. В конце концов, как сказал один из моих первых начальников и учителей, давно вышедший на пенсию: «Пока я остаюсь акционером, кто-то дельный должен присматривать за бизнесом, когда я выйду на пенсию и отправлюсь играть в гольф».

Глава 6

Полет по пачке «Беломора»: о выборе следующей работы

> — А карта с собой есть?
> — Опять забыл.
> — Эх, снова по пачке «Беломора» полетим…
>
> *Русский анекдот*

Одна из моих бывших подчиненных уговорила мою секретаршу найти для нее пятнадцать минут в моем расписании в понедельник — лучше утром и срочно. Я ее официальный ментор, друг и советчик, а пятнадцать минут — это то «окошко», которое почти наверняка удастся высвободить для неотложной помощи.

— Инна, — говорит она, едва мы обменялись вопросами о выходных, — я получила два предложения о новой работе и не знаю, какое лучше выбрать.

Это один из самых частых вопросов, которые мне задают, спрашивая совета о карьере, он прагматичен и бинарен: «есть вакансия А и вакансия Б, на которую соглашаться?». Однако мой ответ, как правило, неоднозначен и зависит не только от А и Б, но и от мечты и целей спрашивающего. Правильность выбора во многом определяется общей карьерной ориентацией в каждом индивидуальном случае.

Обычно я использую следующую модель, чтобы структурировать беседу. Это не тест на психотип, не рассказ о том, как заработать много денег, и не попытка классификации «всей фауны и флоры». В частности, я не включаю в нее путь частного предпринимательства: перед открывающим свой бизнес стоят десятки вопросов, но не вопрос выбора работы по найму. Более того, как всякая модель, моя, во-первых, ограниченна, а во-вторых, является своего рода обобщением, так что всегда найдутся случаи, для которых она малоприменима (ведь, как известно, «всесильно, потому что верно» у нас было только учение Маркса да мировые религии).

Для начала выделим три типа карьерного пути.

Административная карьера

Определим эту дорогу как «марафон» на 15–20 лет с целью получения высокой должности в крупной организации — будь то CEO компании, генерал армии, Папа Римский или директор госпиталя. Общим для них всех является руководство большим количеством людей, а также необходимость в течение определенного периода времени — длинного, но тем не менее ограниченного — пройти определенное количество ступенек в административной иерархии. Эти ступени могут знаменовать переход с должности на должность в рамках одной организации или совмещаться с переходом из одной компании или организации в другую. На каждой из них нужно наработать определенный опыт, научиться ряду специальных навыков, обрасти связями и продемонстрировать другим свое умение добиваться результатов.

В эту категорию не входят главы успешных стартапов, растущих вместе со своей компанией и наращивающих организационную структуру под своим руководством — прежде всего потому, что они не задаются вопросом, куда им перейти на следующую работу. С другой стороны, руководство стартапом и руководство крупной организацией требует разных навыков. Немногие из тех, кто вырастил «разработки в гараже» до размера гиганта торговых операций, остаются потом «у руля». Очень часто на определенной стадии своего развития успешный стартап превосходит управленческие возможности и опыт создателя, и нередко его основатель отходит от руководства деловыми операциями, ограничив свою роль продуктовой или технической стратегией. В другом случае, продав компанию или пройдя через IPO, основатель со временем покидает сцену, а руководство переходит к профессионалу, имеющему опыт управления более развитым бизнесом. Для такого специалиста, кстати, руководство небольшой молодой компанией вполне может стать одной из ступенек на дороге к позиции CEO крупной организации. Так что размер компании как таковой не всегда показатель карьерного пути ее руководителя, необходимо смотреть на его личную историю и персональные цели.

Несмотря на то что многие говорят о желании сделать административную карьеру, реально по пути, описанному выше, идет относительно небольшое количество людей. Конечно, среди выпускников престижной бизнес-школы процент их будет больше, но в среднем доля «сознательных карьеристов» из числа ваших знакомых, скорее всего, ограничена и, по всей видимости, уменьшается с годами. Причина этого состоит в разнице между спринтом и марафоном. Забег на длинную дистанцию требует дисциплины и концентрации усилий. Карьера также подразумевает упор на долгосрочные цели, часто в ущерб целям краткосрочным, например свободе выбирать исключительно интересную и творческую работу. Она подразумевает жизнь по принципу, сформулированному Зигмундом Фрейдом в применении к другим областям человеческого бытия: взросление есть умение отложить вознаграждение (maturity is an ability to delay gratification).

Человеку, делающему карьеру в управлении, приходится быстро продвигаться со ступеньки на ступеньку, чтобы успеть пройти немало уровней до определенного возраста — как в компьютерной игре. К сожалению, у большинства компаний и организаций есть гласные и негласные ограничения по возрасту. Иногда это задокументированное правило: например, «СЕО уходит на пенсию в 60 лет» или просто традиция давать преимущество при повышении кандидатам, достигшим определенного ранга за первые 10–15 лет работы.

Однако пройти много уровней быстро — это не значит бежать вприпрыжку. Каждая ступенька выполняет свое предназначение: прибавить навыки, сложить экосистему контактов и альянсов, создать репутацию. Иначе кандидату нечего будет показать в резюме и занести в графу достижений, он не успеет совершить ряд ошибок, научиться новому и приобрести определенные связи.

Итак, почему же необходимо откладывать вознаграждение? Дело в том, что далеко не всегда переход на новую ступеньку сопровождается увеличением вознаграждения, а в редких случаях даже ведет к его временной потере. Например, вывести падающий бизнес в рост — важное умение для руководителя, но доказывать его приходится переходом в организацию, где дела идут хуже, утешаясь тем, что нет большего подарка для руководителя, ибо отсюда путь лежит только вверх. Однако в такой организации руководителю могут платить меньше, и более вероятно, что рост компенсации будет привязан к росту прибыли. Отсюда и отложенное вознаграждение. Наверное, у священников, отправляемых в миссии к людоедам, тоже есть свои утешения и цели, но факт остается фактом: в ряде ситуаций вознаграждение за проделанную работу может оказаться отложенным на несколько лет.

Другой фактор, который надо иметь в виду, — это необходимость рисковать и покидать привычную стезю, так называемую зону комфорта. Как правило, карьера представляет собой движение в сторону расширения области влияния и экспертизы. Например, от обслуживания финансов одного отдела к CFO компании или от должности торгового представителя к CEO, то есть к руководству большим количеством функций, территорий или торговых операций. Чтобы их узнать, приходится расширять собственную область экспертизы, переходя туда, где далеко не все знаешь и умеешь. А значит, такие перемены сулят дискомфорт, затраты времени и усилий на освоение нового, часто в сочетании с незнакомым окружением и новым руководством. Даже если такой переход компенсируется материально, не все решаются на него без сильного внешнего толчка из-за стресса и высокой степени риска. То есть результат изменений в данном случае в определенной степени тоже будет представлять собой отложенное вознаграждение. «Марафонцам», решившим сделать административную карьеру, приходится помнить, ради чего оно отложено, и регулярно решать, стоит ли продолжать марафон или настала пора «обналичить» достижения.

Теперь вернемся к ситуации выбора следующей работы, сделав предположение, что речь идет именно об административной карьере. В этом случае имеет смысл добавить один важный критерий выбора: возможность перейти с новой позиции на следующую ступеньку. Есть много должностей и проектов, которые сами по себе звучат привлекательно, но в контексте конкретной административной карьеры являются тупиком. С них труднее пойти на повышение, придется довольствоваться только похожими работами. Например, проведя слишком долгое время в одной функции или на одном рынке, специалист рискует остаться там до конца карьеры. Чем экзотичнее этот рынок, тем сильнее вероятность, что окружающие привыкнут считать вас узким специалистом. Уйти с него в более широкую область окажется неожиданно трудно.

Другой пример — выбор работы, не прибавляющей важных навыков в вашем резюме, а лишь незначительно расширяющей диапазон. Например, если вы настроились на путь к высшим должностям в маркетинге в крупной компании, то последовательный выбор работ в разных маркетинговых дисциплинах — исследования рынка, продуктовый маркетинг, проведение кампаний — расширит и укрепит ваш опыт. Но если вашей целью является позиция главы бизнеса (CEO, руководителя дивизиона и т. п.), то куда важнее приобрести опыт в разных дисциплинах — продажах, разработках продуктов, стратегии, а не дополнительные годы углубленного изучения одной из них.

«Карьерист» вряд ли озаботится выбором позиции исходя из близости места работы к дому или нюансов оплаты. Основной акцент он сделает на том, какая из позиций быстрее приближает его к основной — и долгосрочной — цели.

Теперь рассмотрим другой путь.

Эксперт

Избравшие это направление работают не ради продвижения по ступеням административной иерархии, а ради совершенствования в мастерстве, получения удовлетворения от процесса творчества, осознания своего растущего авторитета в профессиональной области. Разделение «управленцев» и «экспертов» на разные категории не означает, что при карьерном росте отсутствует рост профессиональный или что путь эксперта исключает внешние «должностные атрибуты», такие как рост компенсации или градация квалификации. Более того, большинство из нас начинает именно с выбора области экспертизы, и на ранних этапах, до управления людьми, отбор идет по чисто профессиональным критериям. По-настоящему выбор пути совершается, как правило, не раньше чем через несколько лет после начала трудовой биографии. Основным отличием является то, что в случае административной карьеры внешние критерии продвижения связаны с иерархией структуры, в то время как «эксперт» скорее ориентируется на профессиональную сертификацию или другую «цеховую» символику, например докторские степени или победы в конкурсах. Порой это просто признание его уровня коллегами или клиентами, не отраженное во внешней атрибутике, но влияющее на размер гонорара или частоту цитируемости. Примеры целей, которые ставят перед собой эксперты, — это стать «продвинутым разработчиком», «лучшим хирургом госпиталя» или «победителем конкурса Чайковского», в то время как «карьеристы» из тех же индустрий нацелятся скорее на «главу разработок», «начальника реанимационного отделения» или «председателя художественного совета».

При выборе очередной работы критерии «эксперта» будут совсем другими, чем при административно-карьерном росте. На первый план выходит профессиональное совершенствование, а не возможности повышения по сетке должностей, то, что определяется в быту словами «интересный проект», «уникальная новая технология» или «сотрудничество с признанным талантом».

Как и в случае административной карьеры, экспертам часто приходится отвечать на вопрос, готовы ли они отложить вознаграждение и не настала ли пора обналичить достижения. Примером может быть уход из академической науки в прикладные исследования в коммерческой компании, где работа менее интересна, но пакет компенсации значительно превосходит университетский. Или уход из артистов балета в балетмейстеры, из спортсменов в тренеры, из оперирующих хирургов — в административный штат больницы или страховой компании. Каждый сам определяет, когда наступает возрастная усталость, прекращается рост или меняются личные приоритеты.

«Работа ради жизни, а не жизнь ради работы»

Если вы опросите друзей, то, возможно, удивитесь тому, что далеко не все они ставят перед собой долгосрочные цели. Очень многие рассматривают работу просто как средство к существованию. Такой путь совсем не значит, что люди выбирают скучные занятия — многие из них работают на тех же должностях или в тех же областях, что и «эксперты» и «карьеристы». Разница заключается в постановке целей и основных критериях выбора. Такие люди в первую очередь ориентируются на максимизацию компенсации и удобств — заработок, близость к дому, гибкий график или размер отпуска. Они сменят работу на менее перспективную или развивающую ради относительно небольшого увеличения пакета компенсации, потому что именно текущая оплата определяет для них смысл профессиональной деятельности. Они не колеблясь покинут лабораторию известного ученого, если в другой, менее престижной в профессиональном плане, платят больше.

Мне сложно дать совет тем, кто выбрал такой путь. Их приоритеты в определении работы часто колеблются между «выгодно» и «интересно», а потому очень индивидуальны и не всегда логичны. Помимо абсолютного большинства живущих таким образом с самого начала и нередко не понимающих, что движет карьеристами и художниками, на этот путь часто переходят люди из первых двух категорий. Такая смена приоритетов может быть связана с усталостью, или пониманием того, что в оставшееся для плодотворной карьеры время они не достигнут большего, или в силу множества других причин. Иногда такой переход может быть просто передышкой, рокировкой или периодом адаптации после переезда в другую страну, болезни или других серьезных событий в жизни. Очень часто, восстановившись, человек возвращается к прежним приоритетам. К сожалению, перерыв, затянувшийся на годы, засасывает: упускаешь время, появляется риск не успеть пройти оставшиеся ступеньки карьерной лестницы или отстать от конкурентов в профессиональном плане.

Напомню, что любая модель есть, по сути, упрощение — не стоит буквально воспринимать каждый из описанных путей, достаточно определиться с основными критериями для себя лично. Например, почти всегда есть минимальные условия — уровень интереса, оплаты и комфорта, — за пределы которых человек не будет выходить при выборе следующего шага. Мало кто согласится работать за доллар в год, даже если это поможет карьере, а работающие преимущественно ради компенсации не пойдут на совсем скучную работу лишь потому, что она в пяти минутах от дома. Кроме того, эта модель совсем не затрагивает морально-этические аспекты работы, которые часто влияют на выбор. Противник абортов не станет руководить клиникой Planned Parenthood, а карьерные амбиции не заставят приличного человека пойти в компанию, наживающуюся на детском труде в развивающихся странах. То есть описанные выше критерии никогда не дают полной карты карьерного маршрута — они лишь задают некоторую структуру-ориентир, помогающую его составить.

Эти заметки предназначены в основном для тех, кто строит карьеру в управлении, и написаны они на основе моего личного опыта работы в крупной американской технологической компании. И хотя ряд моментов, которые обсуждаются в этой книге, могут пригодиться и тем, кто выбрал другой путь (о чем я неоднократно слышала от людей совсем далеких от бизнеса), следует помнить об определенных ограничениях, налагаемых культурой страны, особенностями индустрии или непосредственной организации. К тому же далеко не все выбирают направление карьеры или область работы раз и навсегда — многие на протяжении жизни неоднократно пересматривают это решение.

Под воздействием жизненных обстоятельств мои собственные приоритеты менялись несколько раз. Недаром говорят, что жизнь — это то, что происходит, пока мы строим планы. Мечтам об академической карьере — классический пример пути «эксперта», получающего удовлетворение от исследовательской работы и преподавания, — было не суждено сбыться. В начале перестройки, когда молодым ученым в России платили так мало, что содержание себя и ребенка требовало подработки, я вполне успешно переводила американские детективы для небольшого издательства и подрабатывала переводчиком на переговорах и конференциях. Но у меня не было желания делать это своей постоянной работой. Мне хотелось найти карьеру, а не заработок, хотя и я пыталась определить ее с точки зрения все тех же критериев эксперта: работать головой, а не «словарем», решать сложные задачи, учиться чему-то новому. Работа в IBM, куда я попала в Москве в 1993 году, как раз отвечала всем этим требованиям.

Тогда я не имела никаких представлений о том, что такое карьера в управлении. Наш офис был относительно невелик, ограничен продажами и сервисом на российском рынке. И даже первая руководящая позиция, полученная через два года, вряд ли воспринималась как ступенька на долгом карьерном пути. Мне хотелось посмотреть мир, нравились технические аспекты работы, доставляла немало проблем офисная политика, и хотя я очень любила то, чем занималась, вряд ли впереди у меня маячили большие перспективы роста.

Переезд в Америку, как у всех иммигрантов, начался с периода, когда важна не столько развивающая сторона работы, сколько ее наличие как таковое. Только прорвавшись через проблемы рабочих виз и постоянного резидентства с правом выбирать работу, через переход с временных контрактов в штат, я смогла оглядеться по сторонам и задуматься о том, что я хочу. Несколько лет я следовала либо за самим наличием свободной позиции, либо за начальником, с которым мне нравилось работать. Лишь позже, поняв, как многообразна и сложна деятельность компании и насколько разные задачи приходится решать людям на разных ступенях управленческой иерархии, я стала осознавать, что мне интересно двигаться вверх по карьерной лестнице.

Переход в постоянный штат являлся классическим примером «курицы и яйца». Компания не могла взять меня на постоянную работу без грин-карты, но не могла и спонсировать постоянное резидентство, не предоставив мне постоянной работы. Большинство руководителей были мало знакомы с тонкостями противоречивого иммиграционного законодательства, так что искать постоянное место было непросто. Спасла меня К., решившая, что я лучший из кандидатов на работу в ее отделе. Она собрала вместе всех юристов и кадровиков, наперебой, но по-разному объяснявших, почему меня нельзя нанять, и практически заставила их совместно найти способ это сделать. Мой новый проект заключался в создании первой программы сертификации для независимых производителей программного обеспечения, которая была бы единой для всех аппаратных платформ IBM. Мы проверяли приложения на поведение в кластерной среде, когда в случае неполадок на одном сервере система автоматически переводит приложение на другой, не прерывая его работы. Сама идея ввести одни и те же условия для мейнфреймов, средних платформ и x86 (тогда эта линейка называлась Netfinity) была новой. Отчасти потому, что бизнес, построенный вокруг каждого из них, имел разную модель и культуру: люди, проработавшие много лет с одной из архитектур, не хотели обсуждать общие условия сертификации с другими группами. И вот тут талант К. последовательно собирать всех вместе и приходить в принимаемых решениях к общему знаменателю оказался незаменим, а мне повезло у нее этому поучиться.

Моя следующая работа образовалась сама собой: начальник К. перешел в другой дивизион, взяв с собой ее, а она — меня, и я была рада за ней последовать. Лишь отдышавшись, привыкнув к реалиям новой среды и комфорту постоянной работы, пройдя основные этапы на пути к постоянному резидентству, я стала оглядываться по сторонам. И думать уже о том, что я хочу делать, а не как выживать дальше. На работу в IBM Life Sciences я подала заявку, просто увидев объявление во внутренней сети. Она привлекла меня тем, что являлась руководящей позицией и обещала следующий «ранг» по внутренней иерархии. И еще я хорошо представляла себе первые шаги — к тому времени я уже накопила неплохой опыт в разворачивании новых маркетинговых программ, а значит, как мне казалось, мои шансы получить эту позицию были высоки.

Генеральный директор нового стартапа стала первым человеком, который спросил меня на интервью, а чем, собственно, я хочу заниматься через десять лет. И довольно неожиданно для себя я поняла, что мне интересно делать то, что на тот момент делала она. Иметь ресурсы и свободу, чтобы начать новый, быстро растущий бизнес для крупной компании, создать свою команду, влиять на ход дел в корпорации и в целом в индустрии. О чем я ей честно и сказала, причем ровно в той форме, которую любой сознательный ментор или кадровик категорически отсоветует использовать на интервью:

— Я хочу занять вашу позицию.

К чести для нее, генеральный директор не испытывала комплексов неполноценности. К тому же она всегда поддерживала стремление женщин работать, развиваться и продвигаться по карьерной лестнице. Утвердив меня в должности, она предоставила возможность поучаствовать в создании и развитии IBM Life Sciences, одного из самых успешных новых бизнесов компании. И полученный там опыт во многом определил направление моей дальнейшей карьеры.

Я не ставлю перед собой цель как-либо повлиять на чужой выбор или предложить единый план, следуя которому всякий добьется результатов. Каждая ситуация индивидуальна и зависит от целого ряда факторов. То, что я описываю, — это лишь размышления, помогающие разобраться в реальностях корпоративной жизни, мотивах поведения (своего или тех, кому вам придется давать совет, а то и нанимать на работу), процессе принятия решений, в том числе о выборе очередной работы.

Глава 7

Нетворкинг и интроверты в экстравертном мире бизнеса

> Мы одной крови, ты и я. Доброй тебе охоты!
>
> *Р. Киплинг. Маугли*

Чем ближе к вершине пирамиды, тем меньше рабочих мест и больше конкуренция. Позиции технические или подразумевающие «горизонтальный» переход без повышения достаточно часто находятся через рекрутеров или по объявлениям. А вот для «вертикального» повышения или работ, при приеме на которые трудно проверить квалификацию на месте, работодатели нередко предпочитают отбирать тех, кого знают лично, или по рекомендации людей, которым доверяют. И это лишь один пример того, почему нетворкинг — построение своеобразной экосистемы деловых связей и знакомств — так важен для успешной карьеры. То же самое относится и к найму: можно искать людей по объявлениям, но предпочтительнее знать хороших кандидатов лично и целенаправленно переманивать лучших. Кроме того, необходимо устанавливать и поддерживать отношения с заказчиками, партнерами, аналитиками, сотрудниками. Любая относительно высокая позиция, как правило, подразумевает умение быстро узнавать новые тенденции в индустрии и компании, образовывать альянсы, собирать команды под проекты. Все это требует сети связей и умения их устанавливать, а также участия в большом количестве встреч, включая неформальное общение.

Задумавшись о связях лишь тогда, когда приходит время искать новую работу или собирать команду, вы уже опоздали — они нарабатываются годами. Это дается нелегко, если не выработать вовремя умение общаться с незнакомыми людьми, не создавая себе стресса. Особенно трудно приходится выходцам из другой культуры, даже при хорошем знании языка не чувствующим местного стиля общения, и интровертам. Мне, относящейся к обеим категориям сразу, было вдвойне тяжелее освоить культуру непринужденной и ни к чему не обязывающей беседы, принятой в американской среде — и на рабочих приемах, и на дружеских вечеринках. Проблема дискомфорта в незнакомой компании возникает у многих — и на пикниках, и на конференциях, и на различных мероприятиях, организуемых для расширения круга деловых знакомств. Более того, хотя интроверты, пересаженные на почву другой культуры, страдают более других, оказывается, абсолютно те же самые проблемы возникают и у «местных» интровертов, и у экстравертов-эмигрантов.

Освоить приемы общения можно так же, как мы все осваиваем, каждый в свое время, вождение автомобиля. Для одних это был больший стресс, чем для других, но в конце концов при должной практике вы вряд ли задумываетесь о чередовании педалей и рычагов даже в ночное время или в дождливую погоду. А те, кто поддался страху и боялся тренироваться, так и продолжают ограничиваться знакомой дорогой. Конечно, общения с незнакомыми людьми в принципе можно избежать, оно не всем необходимо. Как можно обойтись без вождения автомобиля — например, редко выезжающие за пределы Манхэттена могут годами жить без этого навыка. Однако такое решение вряд ли подойдет тем, кто нацелился на корпоративную карьеру, подразумевающую не только профессиональный, но и административно-управленческий рост. Тем не менее учиться вступать в разговор с новыми людьми без твердого желания освоить этот навык и готовности практиковаться — все равно что учиться водить машину, прячась за руль при виде каждого встречного грузовика. Если вы уже решили, что «это не для вас», проще отложить обучение до лучших времен.

Интровертизм: отягчающее обстоятельство

Интроверты — это люди, которым свойственно фокусироваться на событиях внутреннего мира, экстраверты — внешнего. Интровертам требуется время на то, чтобы побыть в одиночестве, они интуитивно предпочитают небольшое количество глубоких отношений большому числу поверхностных знакомств. Экстраверты свободно и естественно чувствуют себя среди других людей, легче заводят новые знакомства. Большинство из нас не относится в абсолютном виде к одному из двух типов, а скорее занимает некоторую точку посредине, которую можно определить при помощи психологических тестов — между черным и белым есть много оттенков серого.

Примерно четверть людей в мире проявляет значительно более выраженные интровертные качества. Они оказываются в менее выигрышной позиции в условиях бизнеса, требующего интенсивного взаимодействия, координации, заведения связей и лоббирования решений.

Тем, кто подумал: «Вот именно поэтому я не хочу идти в маркетинг и продажи или подниматься по корпоративной лестнице», можно облегченно вздохнуть, но подозреваю, что среди читателей этой книги, заинтересовавшихся вопросом административной карьеры, таковые окажутся в меньшинстве.

Интроверты, выбравшие профессию в области, где неизбежны взаимодействия с людьми, обрекают себя на определенный дискомфорт. Однако его можно смягчить за счет лучшего планирования своего времени и работы, включая ее социальную составляющую — общение с коллегами или заведение новых деловых контактов. Я знаю немало явных интровертов в области бизнеса в IT — людей успешных, популярных, добивающихся заметных результатов в том, что они делают. Используя традиционные сильные стороны интровертов — склонность к анализу, учебе и глубоким размышлениям, — они находят способы минимизировать влияние традиционных слабостей в области человеческого общения путем целого ряда приемов. Использование таких приемов — отчасти подсмотренных у них, отчасти выработавшихся в процессе моей собственной адаптации, как я полагаю, способно облегчить интровертам жизнь.

Две группы проблем интровертов

С моей точки зрения, основные сложности интровертов делятся на две группы. Во-первых, это непосредственная перегрузка от разговоров или страх перед предстоящей беседой. Это естественное следствие интровертной природы, которое решается путем планирования времени и использования ролевых игр. Во-вторых, дискомфорт связан с отсутствием умения общаться с незнакомыми людьми на приемах или мероприятиях, то есть отсутствием определенных социальных навыков, которые можно освоить. Эта проблема, пусть и в меньшей степени, встречается и у экстравертов, особенно попавших в контекст другой культуры и не сумевших приспособиться к формам общения, характерным для нового социума.

В России и большинстве других стран бывшего СССР праздники преимущественно отмечали за большим столом, где шла общая беседа, в результате которой со временем образовывались группы. Новых людей было проще ввести в группу, представить и познакомить в процессе общей беседы. С другой стороны, не возбранялось схватить полузнакомого собеседника за пуговицу и проговорить часа три о смысле жизни. Многим эмигрантам этого сильно не хватает в контексте формата общения, принятого на встречах в Европе или Америке.

Подсознательно мы с детства нарабатываем приемы на случай возникновения таких ситуаций: как начать беседу, как искать общие темы, как уклониться от нежелательной или надоевшей беседы. Но в ситуации американской вечеринки или нетворкинга они не всегда помогают. Да и стесняются люди после определенного возраста показаться смешными и неловкими. Отсюда часто агрессивное неприятие всего, что связано с построением сети знакомств — легкой беседы и участия в мероприятиях, где можно встретиться с новыми людьми. Интровертам в этой ситуации тяжелее, так как изначально психологически ограниченные в умении общаться, они медленнее осваивают язык обычаев и условностей.

Начнем с того, с чем справиться относительно просто, — с борьбы с переизбытком общения.

Возможность закрыть дверь

В американских офисах принято держать дверь кабинета открытой — это создает впечатление демократичности и доступности. Интроверты хорошо знакомы с чувством внутреннего дискомфорта, которое создает открытая дверь. Мой выход прост — я периодически закрываю и открываю дверь. Ряд разговоров, например о личных делах подчиненных или о требующих особого допуска проектах, вполне принято вести при закрытых дверях, а никто, кроме вас и вашего секретаря, не знает, какой именно разговор у вас по расписанию.

Если вы делите комнату с коллегами, хорошо бы поставить стол так, чтобы не сидеть спиной к открытой двери. Многие не хотят «раскачивать лодку» в первый же день на новой работе, прося переставить стол или разрешить выбрать другое место. Не стесняйтесь — вашу просьбу, даже если к ней отнесутся как к причуде, забудут быстро, а вот неприятное ощущение от взглядов в спину может сделать жизнь любого интроверта адом. Хорошим предлогом смены места для окружающих может послужить чувствительность к сильному или, наоборот, слабому освещению — впрочем, изобретательности погруженных внутрь себя интровертов учить не надо.

Дверь реальная и дверь виртуальная

Перестановка стола не всегда возможна, и я могу лишь посочувствовать наличию проблем, не имеющих решения. Но помимо ограничения реального пространства есть пространство виртуальное, и уход в него тоже помогает скрасить жизнь.

Собственное виртуальное пространство — это окружение себя некоторой реальностью, помогающей почувствовать ограждение от окружающей действительности и расслабиться. Мне лично хорошо помогает переход в пространство другого языка, например хотя бы пятиминутное чтение русскоязычных блогов между запланированными встречами. Другой способ отдохнуть от общения — найти место, где можно побыть одному в обеденный перерыв, например скамейку в парке или кресло в угловой конференц-комнате. Можно раз в день уйти к себе в машину послушать музыку или во время конференции выбрать одну сессию в день, чтобы подняться к себе в номер. Я знаю очень много людей в индустрии, которые так и поступают, считая это вполне естественным элементом личного комфорта.

Вот трюк, к которому я иногда прибегаю на конференциях, проходящих вдали от отеля, например в Лас-Вегасе, где от лифта до зала приходится пробегать пару миль по казино (что еще более увеличивает стресс): вдали от основных сессий часто можно найти пустой кусок коридора или незадействованную конференц-комнату.

Как пережить большие мероприятия

Если намечается командировка или семинар, где не выкроить ни минутки одиночества, то хотя бы предшествующие им выходные стоит провести тихо. Здесь очень помогает основной принцип пеших походов: долгий переход — долгий отдых.

Кроме того, совсем не обязательно приходить на прием к началу и оставаться до конца. Появившись к концу времени сбора или даже с существенным опозданием и уйдя, когда почувствовали, что пообщались с теми, с кем запланировали, вы проведете меньше времени в толпе. Но при этом сделаете то, ради чего пришли: заведете знакомства, поддержите отношения, дадите людям возможность поговорить с вами в неформальной обстановке. (Последнее обстоятельство становится принципиальным после прохождения определенных этапов карьерного роста, и пренебрегать им нельзя. Для многих подчиненных, особенно географически удаленных, важно иногда поговорить с руководителем за бокалом вина — высказать необычные идеи, пожаловаться на наболевшее или просто убедиться, что имеют дело с живым человеком, которому могут доверять.)

Кроме того, стоит заранее планировать, с кем вы хотели бы встретиться: это поможет сократить время пребывания в зале и определиться со временем ухода. Например, «завести знакомых в хедж-фондах», «узнать у партнеров-интеграторов, что они на самом деле думают о нашей программе», «поговорить с руководителями отделов продаж в других дивизионах». Если список участников известен, стоит прикинуть, кто из него удовлетворяет вашему «поисковому запросу», если нет — легкая беседа по нескольку минут с разными участниками позволит выяснить, кто вам интересен. Необязательно долго говорить с каждым собеседником, можно обменяться парой любезностей или ни к чему не обязывающих замечаний и двинуться к следующему.

Многие интроверты устают не от общения вообще, а от необходимости находиться в большой группе людей дольше определенного времени. При этом разговор один на один с интересными для них людьми, например специалистами в той же области, может быть увлекательным и стимулирующим. Этим тоже можно пользоваться, не присоединяясь к большим «кружкам» на приеме, а подойдя к одиноко стоящему человеку.

Общение, как алкоголь, имеет индивидуальную дозу, в пределах которой оно доставляет удовольствие. Главное, помнить о своем личном чувстве меры и, по возможности, ее не превышать, дабы избежать неприятных последствий.

Ролевые игры

К предложению выпить, чтобы уменьшить страх перед общением, я бы отнеслась с опаской. Одних выпивка делает более раскованными, других приводит в состояние депрессии, третьи раскрепощаются до состояния, о котором потом жалеют. Страх перед разговором лучше уменьшать посредством самовнушения, наработкой приемов и регулярной практикой.

Вполне может помочь определенное самовнушение. Например, я с детства впадаю в панику при необходимости позвонить незнакомому человеку. То есть даже простой звонок сантехнику ненавязчиво откладывался до того момента, пока поток воды от замерзших батарей не залил гостиную. А уж работа в отделе продаж, где звонить по незнакомым номерам приходится постоянно, при такой общительности была и подавно непростой. Однако в какой-то момент мне удалось выработать прием, спасающий меня уже который год. Боевая трансформация. Раздвоение личности. Ролевая игра. Отнюдь не претендуя на оригинальность, сразу замечу, что подобную технику упоминали при обсуждении наших общих проблем у меня в блоге многие интроверты. Представьте на минуту, что вы — это не вы, а актер, играющий роль работника отдела продаж. Как такой работник будет себя вести? Посмотрите на коллег, скопируйте манеры — это не страшно, вы же роль создаете. Именно так за несколько лет работы в продажах я научилась довольно легко звонить совсем незнакомым людям и договариваться с ними о встрече.

Теперь создадим сценический образ «человека, пришедшего на прием». Ради эксперимента сходите на встречу с одной целью: тихо понаблюдать, что делают другие участники — какие первые фразы выбирают, как подходят к группе гостей и т. п.

Как член совета BIO 2003, крупной конференции фармацевтической индустрии, я регулярно летала в Вашингтон, где после заседаний обычно устраивались приемы. Понаблюдав за разговорами, я поняла, что культура лоббирования сильно повлияла на стиль общения в этой среде. Представляясь, каждый гость сразу привычно сообщал в паре фраз, чем его компания или организация занимается и отличается от других. Например, «мы единственная компания, ведущая разработку вакцин на территории Америки» или «наша организация призвана продвигать финансирование разработок лекарств от редких болезней, диагностируемых в год менее чем у десяти тысяч человек». После того как я стала без запинки выдавать позиционирование IBM Life Sciences, нашего нового отделения, поставляющего решения для биотехнологических компаний и фармацевтики, первоначальная неловкость в начале разговора пропала.

В любой незнакомой обстановке, где не сразу ясно, какой манеры поведения придерживаться, всегда помогает наблюдение и копирование поведения присутствующих.

Small talk

Общение на вечеринках и приемах является необходимой частью нетворкинга. Так как далеко не все чувствуют себя на таких мероприятиях легко и непринужденно, опишу общие законы жанра — основной алгоритм поведения и беседы. Он совсем несложен и легко воспроизводится, особенно если представить себе, что вы просто играете роль гостя.

Войдя в зал или гостиную, остановитесь, чтобы осмотреться и собраться с мыслями. Если есть кто-то выполняющий функции хозяина дома, устроителя или спонсора мероприятия, найдите его и поблагодарите за приглашение или хорошо организованное мероприятие. Это даст вам возможность упомянуть, что вы не знаете никого из гостей — обычно хозяин в такой ситуации вас кому-нибудь представит.

Если у встречи нет организатора, то можно начать общение с того, кто вас пригласил, или просто встроиться в круг беседующих. Во время паузы представьтесь и скажите, что ни с кем тут не знакомы.

Как найти следующего собеседника? Не надо никого поражать, не надо сверкать остроумием, знанием политики или искусства. Почему без искрометности? Потому что не всегда ясно, как ваша шутка будет воспринята незнакомым человеком, привычным к контексту иной культуры.

Представьте себе, что говорите соседу, протянувшему вам салфетку, «спасибо», а он отвечает что-то вроде:

— Спасибо означает «спаси Боже». Но я не Бог.

Скорее всего, ваша естественная реакция будет... правильно, на шаг отодвинуться.

Начинаем со спокойного, стандартного захода. Например, «Какая вкусная рыба!» или: «Хорошая конференция. Мне доклад Джона понравился» — и ждем ответа, демонстрирующего, что с вами хотят поговорить. Не надо пугаться, если вас переспросят, что вы сказали. Люди, не привыкшие иметь дело с иностранцами, не сразу улавливают смысл фразы, произнесенной с акцентом, особенно в шумной комнате.

После обмена парой реплик удобно представиться, если это рабочий прием — можете протянуть руку, если это рабочий прием в Азии — визитную карточку, желательно двумя руками. Среди американцев работает еще одно простое правило: чем выше ваша должность, тем реже ее следует называть — в Америке не принято козырять положением. Кроме того, на дружеской вечеринке не следует сразу спрашивать, где человек работает: он может оказаться безработным, и вопрос прозвучит бестактно, но если вы пришли на прием или мероприятие по «завязыванию» деловых знакомств, вопрос о работе вполне уместен.

Лучше всего начать разговор с того, что вас объединяет. Это может быть интерес к общему предмету, будь то гончарное дело, лечение диабета 2-го типа в ранней стадии, общие социально-исторические корни или интересы, например, на встрече выпускников Йеля или женщин в IT, или просто знакомство с хозяйкой. Отсюда и будем исходить в формулировке первого вопроса. Главное, чтобы вопрос был открытым, то есть на него нельзя было ответить «да» или «нет», например, «Откуда вы знаете хозяйку?» или «Чем именно вы занимаетесь?». Если вы пришли на встречу с целью завести профессиональные знакомства, желательно построить вопросы так, чтобы диалог помог вам определить ценность данного знакомства, например, какие задачи возложены на отдел вашей собеседницы и какие решения она принимает. Но чтобы разговор не напоминал интервью при найме на работу, делайте паузы, чтобы вас спросили: «А как вы?» — либо добавьте свой краткий ответ на тот же вопрос. Лучше с шуткой — смеяться любят все, независимо от языка — если, конечно, шутка не требует краткого пересказа тома энциклопедии о жизни москвичей в тридцатые годы. Кроме того, чтобы не выглядеть зацикленным на работе сухарем и установить более личный контакт, перемежайте профессиональные темы с личными. Например, поговорив о виртуализации, спросите о планах на отпуск, наличии у собеседника детей, каким спортом они занимаются в школе.

Постарайтесь узнать людей поближе: даже если вы не заведете ценные профессиональные контакты на этом мероприятии, никогда нельзя предугадать заранее, где вы неожиданно встретите интересного собеседника или возможного партнера по теннису. Люди любят говорить о себе — задавайте открытые вопросы и слушайте то, что вам рассказывают в ответ, это даст вам материал для последующей беседы. И если ваш опыт ведения непринужденного разговора ограничен, запомните, о чем спрашивают вас: это будет отличное пополнение копилки возможных вопросов на будущее.

Прелесть ненавязчивой беседы в том, что никто не ждет от вас ни исповеди, ни желания дойти до сути законов бытия за один вечер. Если вы устали от собеседника, то просто дождитесь паузы, улыбнитесь, скажите, что вам было очень приятно познакомиться, и идите к следующей группе или к столу с закусками. Ваш уход не требует оправданий или путаных объяснений — вы вправе прервать беседу, когда хотите, совсем не обидев этим собеседника.

И еще несколько мелких замечаний.

— Если вам хочется продолжить знакомство, можно спросить, есть ли у собеседника профайл на таких сайтах, как LinkedIn или Facebook, и добавить в свой список контактов. Это очень удобный способ не только иметь под рукой доступ к списку нужных имен, но и поддерживать знакомства без особых усилий, просто поздравляя людей с праздниками или профессиональными достижениями.

— В первой беседе лучше избегать болезненных тем — абортов, религии, оружия, — если, конечно, это не конференция баптистов или слет NRA (National Rifle Association). Собеседник может быть хорош как знакомый в профессиональной области, но не разделять ваших политических взглядов, и это не повод настраивать его против себя.

— Беседуя с человеком, с которым вы хотите продолжать общаться в будущем, желательно запомнить хотя бы одну личную деталь. Дочь Стива играет в баскетбол, Джон реставрирует дом, а Барбара гордится тем, что бросила курить. Эта деталь даст прекрасную возможность начать следующий разговор, если вы опять встретитесь. Вашему собеседнику будет приятно, что вы о нем помните, не придется «разбивать лед» в отношениях.

— Стоит аккуратно ввести в разговор то, что для вас существенно, — возраст ребенка, хобби или породу собаки. Если собеседник разделяет ваши интересы, то, скорее всего, среагирует сам.

— Если в разговоре повисла пауза, хорошо обратиться к «домашним заготовкам» — паре вопросов, приготовленных заранее, например, что собеседник думает о том или ином событии в вашей отрасли, где был в отпуске в прошлом году, смотрел ли чемпионат по футболу и за кого болел, собирается ли участвовать в следующей встрече и почему.

Для начала стоит попрактиковаться, выбрав наименее важные для вас собрания или вечеринки. Можно даже специально сходить на встречу местного общества любителей вина, сбор выпускников вашего университета или благотворительный прием, чтобы искусственно создать такую возможность общения, но не особенно расстраиваться, если попытка окажется не столь удачной, как хотелось бы. Как и в случае с вождением автомобиля, при должной практике многие вещи будут получаться настолько автоматически, что у вас появится время обдумать, что именно вы хотите узнать.

Стратегия нетворкинга

Так как поддерживать постоянные взаимоотношения с сотнями людей невозможно, для нетворкинга необходимо выбрать какую-то стратегию. Современные средства социальных медиа во многом облегчают путь, позволяя держать большинство контактов вместе на соответствующих сайтах, отслеживать дни рождения и профессиональные успехи ваших знакомых — если, конечно, они пользуются такими сайтами. Тем не менее простое коллекционирование виртуальных контактов, как и визитных карточек, вряд ли сослужит вам хорошую службу: степень услуги, которую вам будут готовы оказать, во многом зависит от степени знакомства. Следовательно, стоит инвестировать больше времени и усилий в более регулярный обмен информацией с рядом людей.

Одним из подходов является попытка подружиться с максимальным количеством новых знакомых, искать общие интересы, приглашать живущих рядом на вечеринки или совместные спортивные мероприятия. Не зная, какой контакт вам понадобится со временем, вы тем самым просто расширяете общие возможности своей экосистемы. Этот подход более удобен экстравертам, легко сходящимся с людьми и испытывающим радость от общения.

Другая стратегия заключается в том, чтобы заранее обдумать и выделить ряд компаний или направлений, в которых вам бы хотелось работать, и посвятить время и усилия поиску и культивации контактов в этих областях. Такая тактика может включать в себя просьбу к уже имеющимся знакомым представить вас кому-то, работающему в выбранных организациях, или целенаправленный поход на мероприятия по нетворкингу, где вы можете с ними встретиться. Познакомившись с несколькими людьми в желаемой области, вы можете начать расширять свои связи, спросив, с кем еще из их коллег вы могли бы поговорить, задать ряд вопросов. Даже находясь в поиске работы, никогда не начинайте разговор с вопроса об открытых позициях — этим вы лишь отпугнете людей от диалога. Это гораздо лучше делать, когда вы уже установили контакт и, желательно, познакомились поближе. Представляя себе ваш профессиональный уровень и испытывая большее желание вам помочь, знакомые скорее порекомендуют вас другим — тем, у кого может оказаться свободная позиция. Именно поэтому разрабатывать и поддерживать экосистему связей следует до того, как она потребуется для поиска работы, иначе вы рискуете потратить немало времени и в итоге получить большое количество вежливых отказов.

В любой сети знакомств всегда есть особенно важные для вас люди — те, кто занимает высокие позиции в своей организации или имеет хорошие связи, словом, те, кто лучше всего сможет вам помочь в случае необходимости, будь то совет в тяжелой ситуации, рекомендация или неожиданная необходимость искать работу или инвестиции в проект.

Чем более высокую позицию занимает человек, тем больше желающих с ним познакомиться и внести его в число своих контактов. Не следует думать, что разовая встреча на конференции или пара бесед заставит его помогать вам в трудной ситуации, скорее всего, он вас просто не запомнит. Такого рода отношения лучше поддерживать регулярно — не забывать посылать поздравления с профессиональными победами или хорошими интервью в прессе, предлагать свою помощь в проектах с его участием, искать возможности побеседовать в неформальной обстановке о его хобби и увлечениях. Словом, найти то, что может вас сблизить. Такого рода контакты требуют больше времени на их поддержание, а значит, стоит быть избирательными в том, кто именно в вашем случае должен быть отнесен к «группе повышенной важности», иначе время по поддержанию знакомства превысит все разумные пределы.

Создание экосистемы связей не означает общение с неприятными и скучными людьми. Если встречи и диалоги с теми, кто многого добился в вашей области и индустрии, вам неинтересны и скучны, это первый знак, что, может быть, стоит задуматься о переменах. Как ни важен нетворкинг для продвижения по карьерной лестнице, в первую очередь он должен быть связан с интересным и стимулирующим общением, не вызывающим стресс.

Глава 8

Данди Крокодил и MBA: размер имеет значение

Life isn't about finding yourself. Life is about creating yourself*.

Дж. Бернард Шоу

Решение поступить в бизнес-школу я приняла спонтанно — до окончания срока отправки документов пятнадцатого октября оставалось чуть больше двух недель. Как в этой связи не вспомнить описание моим австрийским начальником его опыта работы на русском рынке:

— Русские заказчики, — говорил Г., — в три раза дольше западных принимают решение, но почему-то закладывают в два раза меньше времени на его выполнение.

Боюсь, в данном случае я поступила в полном соответствии со своим происхождением, предпочитая долго запрягать и быстро ехать. Решение получить MBA тлело внутри не один год, но к осени 2003 года моя личная ситуация сложилась таким образом, что MBA решало сразу несколько проблем.

На тот момент я три года проработала в IBM Life Sciences. Этот бизнес начался как стартап, пусть и внутри компании, а потому пользовался большой самостоятельностью и во многом отличался от остальных отделов. Высокий уровень интеллекта, риска, образования — «в группе больше докторов, чем в среднем госпитале», как описывал нас новый вице-президент, — создавали редкий микроклимат. Возможность сделать нечто новое в непривычной для компании области, быстрый рост, ощущение причастности к замечательному делу разработки новых методов лечения — все это сделало период IBM Life Science одним из самых запоминающихся в моей карьере.

---

* Жизнь заключается не в том, чтобы найти себя. Жизнь — в том, чтобы создать себя.

Я наняла «с нуля» всю свою команду. Это был мой первый опыт подобного рода — половина людей пришла из индустрии, половина из «недр» IBM. У нас собралась очень дружная группа, объединенная необходимостью делать многое иначе в силу специфики целевой аудитории. Нашими заказчиками были разработчики и производители лекарств, контрактные организации, проводящие клинические испытания, и врачи. Обычная практика компании, рассчитанная на бизнес или IT-клиентов, для них часто не подходила. Например, они предпочитали приглашения на семинары на письменных бланках компании материалам маркетинговых агентств и порой даже лично отвечали на массовую рассылку. Им нравились более длинные и детальные тексты в рекламе. Корпоративный отдел хватался за голову и обвинял меня в непрофессионализме, пока исследования не показали, что эти сверхдлинные тексты читались и запоминались нашей аудиторией в большем объеме, чем в лучших рекламных кампаниях для бизнес-клиентов.

К сожалению, как раз в то время в IBM шел хорошо продуманный процесс консолидации практики маркетинговых коммуникаций, а потому мне регулярно приходилось защищать наши методы от попыток унификации. Как всегда, оптимизация для компании в целом грозила ухудшить условия для отдельно взятого бизнеса, и для стартапа это могло стать фатальным. К счастью, у меня никогда не было страха перед тем, чтобы защищать свои идеи независимо от ранга спорящего. К тому же мне выпала удача работать у высокопрофессионального маркетолога, пришедшего из крупной фармацевтической компании, и он научил меня ряду методик исследования рынка и эффективности маркетинга. Так что мои аргументы были подкреплены объективными данными, дававшими значительный перевес в спорах. Именно тогда я стала задумываться о получении формального образования в бизнес-дисциплинах.

За три года наш стартап вырос в десятки раз и стал привлекать к себе все больше внимания внутри компании. Соответственно, усилилось и давление с целью унифицировать нашу работу, вписать ее в рамки существующих структур и правил. Порой это имело смысл, но чаще объяснялось недопониманием специфики нашей аудитории со стороны руководителей среднего звена объединенного отдела. Мой начальник занял политически выдержанную позицию. Он продолжал требовать от меня роста результатов, хотя мы уже превышали все средние показатели по компании, но никак не прикрывал нас от этого давления, грозившего отпугнуть потенциальных покупателей и в любой момент свести наши усилия к нулю.

Понимая, как хрупок баланс — результаты зависели от специальных методик, ориентированных именно на ученых, — я решилась на шаг, которого от меня никто не ожидал. Следуя принципу «Если не можешь их победить — стань одним из них», я отправилась к вице-президенту, возглавляющему консолидированный отдел, и предложила ему сделку.

Я перехожу к нему от своего начальника внутри стартапа со всем своим отделом и немалыми ресурсами, более того, расширяю отдел до покрытия всех стартапов дивизиона. А он сдерживает своих начальников среднего звена не только в попытках «подгрести под себя» мою структуру, но и в навязывании нам методов, не подобающих нашей аудитории. Сделка была взаимовыгодной. Он получал сильнейшую команду и большой бюджет: в силу специфики нового бизнеса, его быстрого роста и необходимости расширять присутствие на рынке наши ресурсы значительно превышали те, что были доступны остальным отделам. Кроме того, мы оставались последней независимой группой маркетинговых коммуникаций, не охваченной объединением в консолидированный отдел, и наш переход позволял вице-президенту успешно завершить этот важный для него процесс. А я получала возможность спокойной работы, расширение полномочий и гораздо более сильное прикрытие. Вице-президент оказался человеком рациональным, как и большинство руководителей его ранга, и сделка состоялась.

К 2003 году я расширила отдел, но IBM Life Science перестал быть стартапом. Стали меняться состав и внутренняя «культура» организации, начался процесс оптимизации, естественный для более развитого бизнеса, а с ним появился и неминуемый побочный эффект — сужение свободы действий и изменение климата отношений в группе. Я поняла, что научилась на этой работе всему, чему могла, и добилась результатов, которые вряд ли смогла бы значительно превысить, а значит, настало время искать другую позицию. Моя фамилия уже более года находилась в списках на повышение в ранг «экзекьютив», но шанса пройти хотя бы одно интервью до сих пор не представилось просто в силу общего спада бизнеса после событий 11 сентября 2001 года. Более того, я поняла, что в 35 лет, перед переходом в ранг «экзекьютив», мне, возможно, предоставляется один из последних шансов получить бизнес-образование. Далее и времени станет меньше, и отсутствие соответствующих знаний может замедлить мой карьерный рост. Пора было принимать решение: получить МВА сейчас или никогда. Решающим аргументом стала готовность компании оплатить мое обучение, правда, я подписала обязательство отработать в IBM два года после его окончания или вернуть деньги в случае ухода.

Когда план окончательно сформировался у меня в голове, на его осуществление, то есть подачу документов, оставалось всего две недели. Единственной бизнес-школой Лиги Плюща с программой Executive МВА, позволяющей продолжать работать и учиться, оказалась Колумбия — так что вариантов было немного. Требовалось подготовиться и сдать GMAT (стандартный экзамен для поступающих в бизнес-школы), набрав количество баллов, достойное Лиги Плюща; написать эссе о своей карьере; договориться с компанией об уплате шестизначной суммы, собрать транскрипты дипломов и рекомендации. Так учиться мне не приходилось со времени самых трудных сессий на третьем курсе МГУ —

и это оказалось неожиданно приятно. У меня появился новый проект и волнующая неопределенность в жизни, возможность почувствовать себя моложе, снова став студенткой.

Через месяц, теплым октябрьским днем — в Новой Англии длинная мягкая солнечная осень с разноцветными листьями и холодными вечерами, — мне позвонил директор приемной комиссии. Я была зачислена.

Nature vs. nurture

Беседы о пользе MBA напоминают мне дебаты о том, что важнее — происхождение или окружение (Nature vs. nurture*). Чем ярче разгораются эмоции, тем меньше спорящие осведомлены о предмете спора. В таких перебранках, как правило, озвучиваются единичные примеры: «а вот Иван Иванович преуспел без MBA» и «Иван Никифорович MBA получил, но далеко не пошел». Споры крутятся вокруг академичности бизнес-дисциплин, необходимости формального образования для чтения бухгалтерских балансов, вопросов, платят ли студенты за образование или за будущие связи и зачем учиться управлению людьми, если Аркадий Гайдар в 14 лет командовал полком. Проблема усугубляется попытками сравнить результаты, например, продемонстрировать, что средний доход выпускника бизнес-школы Лиги Плюща растет быстрее, чем доход выпускника третьесортной бизнес-школы. Что оказывает большее влияние на будущую карьеру: качество образования или собственный высокий интеллект, помогающий пройти отбор в престижные университеты? Nature vs. nurture?

Мое мнение по этому поводу лучше всего описывает сцена из фильма «Данди по прозвищу Крокодил», когда на главного героя и его даму нападает шпана.

---

* Натура или воспитание, происхождение или окружение — предмет дебатов о том, что превалирует в формировании человека: генетика или влияние его образа жизни. *Прим. авт.*

— Осторожно, — говорит испуганная девушка. — У него нож!

— Разве это нож? — усмехается Данди и достает полуметровый тесак. — Вот это нож!

Понятно, что желание нападать на Данди у шпаны исчезло. Не столько из-за размеров ножа, сколько из-за понимания, что носящий с собой тесак герой умеет с ним обращаться. В своем роде МВА — это тот самый тесак и умение его применить. При равном размере ножей и умении драться победитель неизвестен, но при неравном лучше вооруженный и обученный имеет преимущество. Основная ценность МВА определяется не только полученными знаниями, связями и названием престижного колледжа в резюме, а тем, как вы сумеете применить весь этот арсенал на практике.

Перед тем как рассказывать, что именно входит в комплект «вооружения», отмечу еще один важный момент: несмотря на кажущуюся идентичность академических программ, существует большая разница между топ-школами и университетами более низких категорий. Вне зависимости от того, как распределяются рейтинги, в первую когорту войдут школы с именем — бизнес-школы Лиги Плюща (Гарвард, Колумбия, Йель, Вортон), Слоан (бизнес-школа MIT), Стэнфорд, Келогг (Университет Чикаго), Лондонская бизнес-школа и тому подобные — хорошо узнаваемые во всех штатах и странах и иногда оговариваемые в перечне требований к кандидату на должность. Во вторую группу — школы менее известные на мировом уровне, но очень хорошо узнаваемые в своем регионе, например Стерн (бизнес-школа NYU), которую не все знают в Европе, но узнают и очень уважают в финансовых компаниях Нью-Йорка. В третью — все остальные. Мне придется прибегнуть к обобщениям, объясняя далее плюсы и минусы по категориям, так что я заранее прошу прощения у тех, чью альма-матер я обижу по незнанию, но, надеюсь, в целом картина покажется достаточно реалистичной.

К рейтингам бизнес-школ я отношусь достаточно скептически после одной забавной истории. Мой одноклассник по Колумбийскому университету, расстроенный недостаточно высоким, хотя и вошедшим в первую пятерку рейтингом alma mater, списался с редакцией журнала и изучил систему оценки. Оказалось, что качество обедов имело в модели расчета рейтинга почти такой же вес, как и совокупная академическая программа. Уже через год, заменив пиццу на горячие обеды для учащихся программы Executive MBA, Колумбия вырвалась вперед. История хорошо демонстрирует относительную ценность рейтингов и возможности манипуляции ими. Но главное состоит в том, что большинство нанимателей не отслеживают ежегодные рейтинги, а полагаются на общее представление о школе. Если дебаты о достоинствах Гарварда относительно Вортона могут вестись с энтузиазмом, достойным лондонских футбольных болельщиков, узнаваемость любого из них средним нанимателем относительно Университета Пэйс несомненна. Она не изменится от улучшения системы общежитий или качества кофе. И на большую часть компонентов полезности MBA, перечисленных далее, рейтинг школы, приходящийся на год окончания, большого влияния не окажет. Хотя в конечном счете, несомненно, окончательное решение остается за поступающим: у каждого есть свое представление о балансе пользы и стоимости обучения.

Самый большой нож

Итак, что же входит в «комплект вооружения», полученный вместе с MBA?

Первое — это, конечно, чисто академическая составляющая: как строить и обсчитывать финансовые модели, рассчитывать балансы, планировать систему финансирования или структуру организации.

Большинство базовых курсов, например бухгалтерия или экономика, мало отличаются от университета к университету и могут быть изучены по учебникам. Разница, которую я заметила, беседуя со студентами других школ и сравнивая программы, заключается в том, что в школах третьей и часто второй категории курсы именно базовые. Например, изучение маркетинга основано на трудах Филипа Котлера, паре более продвинутых моделей и нескольких бизнес-кейсах, но в нем вряд ли окажется детальный расчет размещения рекламы или симуляция рынка с расчетом каналов сбыта и инвестиций в продукты. Курсы Лиги Плюща часто более насыщенны.

Более продвинутые предметы — антикризисное управление (предотвращение и выход из банкротства), «следственная бухгалтерия» (восстановление реальной картины бизнеса по финансовой информации), покупка и слияние компаний — либо совсем не читаются в школах третьей категории, либо носят очень ограниченный характер. Между тем это относительно новые и быстро развивающиеся дисциплины, так что хороших учебников по ним мало. Особенно мало книг, написанных практикующими специалистами, зато эти специалисты часто соглашаются вести класс в семестр в престижных школах. Обычно такие курсы включают в себя не только последние методики, но и анализ разницы в законах и деловой практике в разных странах, которую так важно понимать, работая в международном бизнесе.

Для примера расскажу о том, что философский подход, стоящий за юридической системой банкротства, очень сильно различается в американском, английском и японском праве. Основной акцент в американском праве делается на продолжении деятельности предприятия и сохранении рабочих мест. Кредиторы фактически ущемляются в правах: как только суд принимает решение о реорганизации, устанавливается льготный период, когда они не могут требовать возврата долга, за исключением обеспеченного залогом. По закону руководство компании, которое привело бизнес к краху, остается на своих местах и не может переизбираться до момента выхода из кризиса.

В английском праве акцент делается на правах кредиторов. Управляющие компанией устраняются от дел почти при любом решении суда, который назначает нового администратора (как правило, крупнейшего из кредиторов), и тот руководит полной или частичной ликвидацией активов с целью максимально покрыть убытки. Более того, руководство, которое видит, что компания идет к банкротству, но не подает соответствующих документов, дабы оттянуть время уведомления кредиторов, может преследоваться по суду вплоть до ответа собственными активами. То есть в отличие от американских коллег, которые могут продолжать разваливать бизнес безнаказанно до полного истощения, англичане обязаны предпринять действия, гарантирующие кредиторам максимальный возврат их средств даже ценой закрытия компании.

А вот в Японии банкротство до сих пор считается неприличным. И если в XVIII веке банкрот не имел права ходить под зонтиком, то и нынче изменилось не так много. Сор не выносят из избы — законодательство построено таким образом, чтобы кредиторы из кейрецу (группы дружественных компаний) могли спасти разоряющихся коллег, а в случае неудачи — организовать ликвидацию банкрота путем выкупа активов другим членом кейрецу.

Такого рода детали не просто интересны — понимание разницы самой философии основных аспектов бизнеса в разных странах дает более глубокое понимание мотивов действий иностранных коллег, руководителей и сотрудников покупаемых компаний или партнеров за рубежом.

По финансовым моделям и методикам, используемым при слиянии компаний, написано много книг, но в них содержится мало реального взгляда изнутри сделки. Практикующие специалисты, как правило, связаны большим количеством ограничений о неразглашении соответствующей информации. Реальные события часто анализируются только спустя много лет (например, сделки «Даймлер»—«Крайслер», HP и Compaq) и описываются людьми, не принимавшими участия в процессе. Более свежий опыт участия в «боевых действиях» бывает изложен только в том случае, когда человек, читающий курс, давно работает в данной области и может обобщить подобную информацию, не называя имен и несколько изменяя узнаваемые реалии.

Наш класс привезли на день в военную академию Вест-Пойнт изучать последние веяния в военном управлении, воспитании кадров и проведении различных операций, в частности организацию доставки продовольствия на другой конец земли за пару суток во время боевых действий. Вест-Пойнт — престижный военно-инженерный колледж, из стен которого выходят высшие армейские чины. Для поступления туда необходима рекомендация губернатора штата, сенатора, вице-президента или президента США. Женщины составляют 15% среди кадетов — так установлено Конгрессом в соответствии с нормой присутствия женщин в высшем армейском руководстве. Обучение одного человека в Вест-Пойнт стоит 300 тысяч долларов (включая содержание академии и боевой техники) и оплачивается из федерального бюджета.

В столовой Вест-Пойнт — mess-hall — кормят 12 тысяч человек за 16 минут: норма от входа первого кадета до полного освобождения зала. Неменьшей дисциплиной отличается и академический подход Вест-Пойнт, заложенный одним из офицеров первого преподавательского состава двести лет назад. Кадет сам отвечает за свои знания и должен подготовиться к уроку, выучив материал по учебнику. Занятия в классе посвящены ответам на вопросы, обсуждению и разъяснению трудных моментов, а не представлению нового материала.

Распределение по окончании Вест-Пойнт идет строго по рангу в классе. Ранг определяется совокупностью средних баллов в трех областях: академической, атлетической и военной. Сначала выбирают род войск, потом географию распределения (наибольшим спросом пользуются Гавайи и Италия, наименьшим — Аляска и Корея).

Через четыре года после того, как кадеты переступят порог академии, они становятся офицерами и получают под командование 15–20 человек и технику стоимостью до 20 миллионов долларов. Так что воспитание лидерства и профессионализма ставится здесь во главу угла. После распределения к каждому молодому офицеру-выпускнику приставляется более опытный офицер, продвинувшийся в ходе службы, который фактически воспитывает нового командира уже в реальных армейских условиях. Так сочетаются плюсы двух линий: свежие знания кадета из академии и практический опыт воспитателя.

(В качестве отступления замечу, что подобным приемом — сочетание академических знаний и опыта в паре двух специалистов — я тоже не раз пользовалась, подбирая людей на проект. Недавний выпускник MBA в партнерстве с опытным игроком, хорошо знающим реальную практику компании, достигают немалых результатов, обогащая друг друга в процессе совместной работы.)

Одним из важных методов обучения в Вест-Пойнт служит Разбор Действий (After Action Review). Это анализ произошедшего непосредственно после завершения учений, пока они свежи в памяти. Кадетам разрешается лишь отойти под навес от солнца или ливня. Вначале AAR руководит специально обученный организатор, но со временем вырабатывается опыт самостоятельного проведения разбора. Один из главных принципов — абсолютная и безнаказанная честность: солдат может просто сказать офицеру: «Если бы вы не отдали приказ идти туда, наши бы не полегли». Этот прием давно перешел из армии в коммерческие компании — мне приходилось попадать в подразделения, где такая практика уже была успешно внедрена. Я сама несколько раз использовала AAR, пытаясь улучшить нашу работу по цикличным проектам, таким как запуски новых продуктов.

И еще один из интересных подходов к управлению: армейская мотивация. Солдат американской армии воюет не за начальство и не за идею, а уж за деньги вообще рисковать жизнью сложно. Он воюет, защищая своих однополчан — потому что они прикрывают его. Эту мысль кадетам прививают с первого дня, есть ряд историй, своего рода армейская мифология, которые проводят эту идею в жизнь. Например, рассказ про солдата во Вьетнаме, вернувшегося за раненым. Получив пулю по дороге, не донеся товарища живым, он, умирая, сказал, что не жалеет о своем поступке: «Сэм открыл глаза и произнес: "Я знал, что ты за мной придешь"». Мотивация действий путем создания чувства братства и нежелания подвести других — очень сильное побуждение к действию, о котором стоит задуматься. В редких организациях, где люди прикрывают друг друга и знают, «что за ними вернутся», удается достичь многого.

Симулятор полетов

Второе, что «входит в боевой комплект MBA», — разбор реальных случаев, так называемые бизнес-кейсы. В их основе лежит описание ситуации в компании, и студентам предлагается решить, как поступить дальше, часто с последующим сравнением с тем, что произошло в реальной жизни. Например, возникла проблема на заводе по производству томатной пасты — слишком много банок лопается в процессе заливки продукта. Студентам предложены статьи о методе производства, статистические данные по качеству банок, произведенных из разных частей алюминиевого листа, данные по нескольким заводам и т. п. Надо, опираясь на статистику, понять, в чем состоит проблема. То ли один из поставщиков банок завозит продукцию более низкого качества, чем оговорено в контракте, то ли занижены общие требования ко всем производителям, то ли следует усилить контроль за качеством при их приемке на завод.

Как правило, такие кейсы создаются на основе реальных ситуаций, иногда даже без смены названий компаний. Они предоставляют неплохую аппроксимацию реального опыта, заставляя студентов практиковаться в принятии решений.

В фильме «Чужие», когда боевой отряд летит на загадочную планету, одна из десантниц спрашивает офицера о количестве его боевых вылетов.

— С учетом симуляций на тренажере? — спрашивает тот. И называет двузначную цифру.

— А без симуляций?

— Это второй, — краснеет незадачливый герой. И конечно, в дальнейшем становится ясно, что для него это был не только второй вылет, но и последний.

Бизнес-кейсы в чем-то сродни симуляции полетов. По моим наблюдениям, недавние выпускники МВА с малым опытом работы до получения степени часто страдают проблемой героя «Чужих» — принимают теоретический опыт, полученный ими при решении кейсов, за реальные «боевые вылеты». Это приводит их к патовой ситуации: красивая учебная модель не работает на практике, а как увязать ее с реальным бизнесом, они представляют слабо. Потому что симуляция всегда имеет границы. Например, можно смело предположить, что завод — поставщик банок не сфальсифицировал данные, что банк согласится на реструктуризацию долга, а каналы сбыта примут скидки, равные средним по рынку. Реальность, к сожалению, вносит свои поправки и требует корректировки решения. Кроме того, она добавляет еще один уровень сложности: необходимость лоббировать решения внутри компании (кто принимает решения по реализации окончательного плана действий или влияет на них, с кем и в каком порядке надо договориться и т. п.). Не говоря уже о том, что набора данных, затребованных бывшим студентом, может не существовать: на практике часто имеет место ситуация «скажи, что надо, дадим что есть». Человек с опытом настоящих «боевых вылетов» скорректирует курс, а новичок продолжит упрямо ломиться по пути, проложенному «на симуляторе».

Однако тем, у кого есть практический опыт в бизнесе, подобные упражнения помогают расширить кругозор, давая «прожить» дополнительные годы в креслах CFO, CEO, CMO* и почувствовать, как принимаются решения. Отчасти это сродни тому, как опытные профессионалы менеджмент-консалтинга часто добиваются успеха, перейдя на работу в компании заказчиков. Реализовав много пробных проектов, они имеют широкую референтную базу и легко ставят ситуацию в контекст аналогичных проблем. Разница между школами разных категорий в подходе к бизнес-кейсам заключается не только в материале и уровне профессоров, но и в среднем уровне класса. Лучшие школы отбирают студентов с большим опытом и аналитическими навыками, обеспечивая тем самым более высокий уровень дискуссии.

За два года в Колумбийском университете мы прошли через сотни кейсов. Выходы из банкротств в авто- и авиаиндустрии (один из самых известных выпускников Колумбии Уоррен Баффет сказал как-то, что «при столкновении хорошего менеджмента с плохой индустрией, как правило, побеждает плохая индустрия»). Определение необходимых

---

* CEO — Chief Executive Officer, фактически глава компании, отвечающий за ее повседневную деятельность и подчиняющийся совету директоров. CFO — Chief Financial Officer — лицо, отвечающее за управление финансами и рисками компании. CMO — Chief Marketing Officer — глава маркетинга компании.

изменений в операциях для ускорения оборота ресурсов — от производства консервированной клюквы до полиции Нью-Йорка. Маркетинговая стратегия с очень интересными примерами реальных решений. Например, помню историю Starbucks, купившего конкурирующую компанию — SeattleBest, позиционировавшую себя как альтернативу Starbucks, и оставившего вновь приобретенную сеть функционировать под старой маркой. Выгода от консолидации поставок и логистики дополнилась продажами целому сегменту покупателей, не любивших марку Starbucks. Стратегия сервисных компаний и банков, реструктуризация долга... всего не перечислишь.

Из забавных случаев помню бизнес-кейс по маркетингу, связанный с производством контактных линз для кур. Оказывается, куры — существа весьма агрессивные и в период полового созревания усиленно выясняют взаимоотношения в социуме, выстраивая почти вертикальную иерархию. Очутившийся наверху гордо задирает гребень и первым топает к кормушке — тех, кто не выдюжил и ходит с пригнутым к земле гребнем, от кормушки отгоняют. С тех пор как в американском птицеводстве возобладала система крупных ферм на тысячи птиц в тесных клетках, борьба за место под солнцем приобрела жуткие размеры. В драках погибало до четверти куриной популяции.

В середине XX века с куриной драчливостью стали бороться путем подрезания и прижигания клювов. Смертность упала с 25 до 9%, но, во-первых, процедура была весьма болезненной, а во-вторых, от стресса куры на несколько дней переставали нестись. Тогда в конце 70-х придумали линзы, создававшие эффект катаракты — полуслепые куры ходили, пригнувшись к земле, а потому бить и клевать друг друга переставали. Да и не прицелишься, если видно всего на четверть метра дальше собственного клюва. Линзы подкрашивали в красный цвет — увидев мир в розовом свете, птицы лучше размножались. Держались линзы на внешней стороне глаза, и вставлять их было не дольше и не сложнее, чем подрезать клюв.

Иногда один текст может быть использован как бизнес-кейс в разных дисциплинах. Как и в реальной жизни, иногда выход из смертельного витка может быть сделан за счет лучшего маркетинга, иногда — операций или финансирования, а в идеале — комплексного подхода.

Взгляд сверху

Третьим важным элементом арсенала МВА является понимание того, как функционирует компания. Взгляд с разных точек зрения: поставок, финансов, производства, разработок, продаж. Представление о том, из каких критериев и целей исходит верхний управляющий состав, — и, как результат, понимание ряда решений, кажущихся снизу недальновидными, но на самом деле направленных на оптимизацию более широкого процесса, чем отдельно взятая функция. Благодаря этому появляется совсем иной подход к собственной расстановке приоритетов проектов, определению целей и результатов. По большому счету это главное, что позволяет людям, окончившим МВА, быстро пойти в гору по карьере, независимо от умения рассчитывать финансовые модели. К сожалению, это практически невозможно освоить по учебникам. Такое понимание воспитывается не только чтением литературы и выполнением домашних заданий, а двумя годами погружения в среду: бизнес-кейсами, беседами с профессорами, одноклассниками и приглашенными докладчиками. В принципе, это дает любая бизнес-школа, независимо от категории, однако школы первой категории делают процесс обсуждения интереснее за счет более высокого «калибра» преподавателей, гостей и студентов. Регулярное общение с прошлыми и будущими CEO перестраивает представление о структуре бизнеса, взаимосвязи операций и организации деловых процессов, целеполагании, построении организационных структур и логике принятия решений. Это одно из главных преимуществ, которое дала мне Колумбия; то, что очень помогло планировать карьеру и быстро продвигаться вверх после окончания бизнес-школы. Я также увидела другие части компании, лучше поняла их взаимосвязь, научилась рассматривать свою работу в контексте стратегии бизнеса в целом.

Одним из гостей, приходивших беседовать со студентами, был Давид Рубинштейн, управляющий директор Carlyle Group, одной из крупнейших частных инвестиционных компаний, которую он основал в 37 лет вместе с тремя друзьями. Бывший глава IBM Луи Герстнер ушел в Carlyle председателем совета директоров. В ней также работают или входят в ее совет многие бывшие высокопоставленные государственные чиновники, включая Буша-старшего.

— Мы нанимаем тех, кто обладает достаточно высоким интеллектом, средней тягой к предпринимательству и умеет хорошо работать с людьми, — рассказывал Давид. — Я говорю «достаточно высоким» потому, что гениев в мире гораздо меньше того количества сотрудников, которое нам нужно, и они редко умеют работать в команде с другими людьми. Мне кажется, если бы Эйнштейн опустился до частных инвестиций, он бы скорее открыл свой собственный фонд, чем пошел работать к нам.

...Мы становимся большими и корпоративными — это грустно, но если ваша тяга к риску и предпринимательству выше средней, зачем вам работать в Carlyle? Откройте свою компанию. МВА, конечно, желательно — я это говорю не потому, что иначе меня больше не пригласят выступать в Колумбию. Есть талантливые люди, которым не нужна степень, я сам отговариваю их тратить время на формальную учебу. Но так как я нанимаю много народу и не могу с ходу распознать в вас талант, лучше все-таки иметь за плечами МВА.

Другая запомнившаяся встреча — с Дэвидом Нилиманом, CEO JetBlue. Как известно, одной из немногих прибыльных американских авиалиний в конце XX века была SouthWest — дешевая, с урезанным сервисом, ориентированная на клиентов дальних автобусных поездок. Дэвид Нилиман создал авиалинию-копию «по образу и подобию» в Юте и продал ее SouthWest за 25 миллионов долларов, когда ему было 32 года. Нилимана, ставшего вице-президентом, прочили в преемники CEO, но он не прижился в SouthWest из-за своей прямоты и постоянных попыток внести изменения в работу компании, шедшие вразрез с ее спокойной и неторопливой культурой. Через пару лет после ухода он создал авиалинию JetBlue, взявшую лучшее из оптимизации затрат в SouthWest и добавившую к этому внимание к удобству пассажиров. JetBlue первой установила моющиеся (а потому без пятен) кожаные кресла в экономсалоне и телевизоры с двузначным числом программ. В компании очень серьезно относятся к использованию технологий, например, ввели исключительно электронные билеты и подачу плана полета пилотом с его ноутбука. Кадровая политика JetBlue тоже очень необычна для авиаиндустрии. Зарплаты пилотов ниже, чем в других авиалиниях, зато есть опционы, делающие их заинтересованными в успехе компании на рынке. Пилоты помогают после рейса убирать самолет, чего не допустил бы ни один профсоюз, — но JetBlue не охвачен профсоюзами. Там также введена сложная процедура отбора персонала, включающая систему тестов и проверки рекомендаций, созданы гибкие планы оплаты, например для работающих мам, позволяющие получить одну ставку на двоих и самим распределять время. И главное, в JetBlue нет увольнений по сокращению штата: Дэвид считает, что тщательно отобранный персонал представляет слишком большую ценность, чтобы сокращать его из-за снижения квартальных цифр. Его задача — применить высвободившихся сотрудников в другом месте.

Идеи инноваций рождаются не на пустом месте — Дэвид часто летает, разносит со стюардессами фирменные голубые чипсы и расспрашивает пассажиров, что можно улучшить в обслуживании, даже грузит багаж, чтобы своими глазами увидеть все части процесса перевозки. Благодаря этому он ввел в ассортимент миндаль (многие пассажиры из-за низкоуглеводной диеты отказывались от чипсов, а большинство орехов других видов часто вызывает аллергию). Поработав день с грузчиками на разгрузке багажа, он изменил систему маркировки чемоданов, чтобы время вылета на наклейках было лучше видно на транспортере.

— Вы летаете, грузите — когда же вы управляете компанией?

— Я набрал сильнейшую команду, они лучше меня справляются каждый в своей области.

Зарплата CEO в JetBlue на момент нашей встречи составляла 200 тысяч долларов, и Нилиман сдавал ее целиком в фонд помощи работникам компании, например на грант женщине, потерявшей ребенка, или семье, у которой сгорел дом. Он не собирался оставлять деньги своим детям — на момент встречи у Дэвида их было девять; его планы ограничивались тем, чтобы дать им хорошее образование и мотивацию пробиваться в жизни самим.

В 2007 году во время непогоды в Нью-Йорке тысячи пассажиров застряли в аэропортах, особенно не повезло JetBlue, семь часов продержавшей рейс на взлетной полосе. В результате скандала совет компании попросил Дэвида покинуть пост. На момент написания этой книги он успешно раскручивает новую авиакомпанию — Azul, — на этот раз в Бразилии, и надеется сделать ее еще успешнее, чем JetBlue. Его зарплата по-прежнему составляет 200 тысяч долларов.

Soft skills

Четвертое, что приобретают студенты MBA, не имеет точного перевода на русский — soft skills. Это навыки работы с людьми, выстраивания отношений, выбора методов мотивации, ведения переговоров, ориентации во внутренней политике, умения работать с партнерами и клиентами. Когда выпускники ищут первую работу или получают первое повышение, главными для них являются навыки технические: расчет финансовых моделей, составление маркетинговых планов и балансов. Становясь руководителями, они начинают добиваться результатов через своих подчиненных, и это сродни переходу из футболистов в тренеры. Надо по-прежнему понимать, что такое хорошая игра, но уже не так важно бегать быстрее всех, как замечать и правильно направлять лучших бегунов в команде, мотивировать, поощрять, выбирать, учить, планировать стратегию и распределять роли. Это совсем другая группа навыков, и хотя бывают отдельные талантливые руководители «от бога», большинству из нас приходится этому учиться.

Чем выше продвигается человек в организации, тем больше делается акцент на умение вести политику, заключать альянсы, выбирать стратегию и добиваться, чтобы ей следовали другие. Нужно правильно выбрать скорость внедрения изменений в своей организации — что-то совершать быстро, что-то — поэтапно, уметь праздновать первые победы и следить за готовностью людей к следующему раунду. Для этого и многого другого нужны навыки, относящиеся к soft skills. Неслучайно опросы учеников бизнес-школ свидетельствуют: те, кто поступил туда на ранних стадиях карьеры или с целью сменить профессию, больше ценят прикладные курсы. А те, кто пошел учиться на более продвинутых фазах карьеры, отдают предпочтение именно курсам по управлению, социальной психологии и построению организации.

Последнее особенно важно для выходцев из бывшего СССР. В том обществе, где я выросла, традиционно была принята очень жесткая иерархичная структура: начальник решает — подчиненный исполняет. Гений мог быть груб со всеми окружающими, оскорблять людей, создавать невыносимые условия работы, но ему это прощалось, даже если от этого страдала вся команда. Если вы собираетесь строить карьеру в американской компании, то очень быстро столкнетесь с совсем другим подходом. Он отличается большей инициативой со стороны подчиненных и высокими требованиями к умению работать в команде. Толерантность к «грубым гениям», демотивирующим остальных, здесь невероятно низка.

Американцев учат общаться с другими детьми с детского сада:

— Сюзен, тебе нравится платье Полли? Скажи Полли, что тебе нравится, как она выглядит, ей будет приятно.

В российской школе нас учили давать сдачи, и родители не расстраивались, если ребенок ударил соседа в борьбе за право быть включенным в спортивную команду. По моим наблюдениям за выходцами из СНГ в международных организациях, именно отсутствие soft skills часто является большим препятствием к росту, включая непонимание того, как важны навыки, связанные с офисной политикой. Это еще одна область, которую трудно освоить по книжкам и которая не очень понятна людям, привыкшим оценивать образование по сложности технических дисциплин. Лично для меня она стала очень важной: именно бизнес-школа укрепила меня в мысли, что у меня есть проблемы, которые надо не отметать с гордостью непонятого героя, а серьезно и последовательно изживать.

Неслучайно одним из методов обучения MBA является работа в группе (study group). В начале обучения класс разбивается на группы по три-четыре человека для совместной работы над проектами. Их подбирают специально с учетом разного опыта, происхождения, индустрий. Не обходится без раздражения и переживаний, когда кто-то не сделал свою часть в срок или сделал не с тем качеством, которого ожидали остальные, как это и бывает в реальной жизни. И так же как и на работе, приходится решать, сделать что-то за другого или показать ему, как это следует правильно сделать, или просто принять тот факт, что проект будет сдан как есть. Как ни переживают многие перфекционисты за качество работы, сдаваемой группой, это хорошая тренировка разных методов работы с коллегами.

У меня были очень интересные одноклассники — я до сих пор с удовольствием с ними встречаюсь на различных мероприятиях для выпускников и просто без повода. Некоторые пришли из неожиданных областей — были у нас врачи, работник ООН, служащая католического епископства Нью-Йорка, CEO биотеха, пилот United Airlines и, конечно, обычные для бизнес-школы банкиры, желающие перейти в другой бизнес, IT-шники, мечтающие стать банкирами, маркетеры и финансисты. В одну со мной группу попал лейтенант-подводник Э., преподававший курс навигации в коннектикутской морской академии. Как-то он пропустил класс, потому что готовил корабль к отправке. Для меня это звучало экзотично, но, по свидетельству Э., мои еженедельные конференц-коллы с Японией звучали не менее захватывающе-необычно для него.

Я узнала много интересного. Например, что после событий 11 сентября ему действительно приходилось не расставаться с оружием: спать не мешает, но очень неудобно таскать автомат с собой в ванную. И что, оказывается, во время длительного плавания можно получить разрешение не бриться. Однако в случае выхода под воду необходим контакт водолазного оборудования с кожей, так что шею приходится брить всегда.

Во время первого семестра Э. подал в отставку, чтобы уйти из флота в бизнес. Странное ощущение для него — жизнь, какой ее знал с 17 лет, заканчивалась. И не менее странное для нас: «пенсионер» был младше меня на восемь лет. Офис президента не утверждал его отставку почти до нашего окончания. С тех пор Э. начал успешную карьеру в маркетинге, женился, завел ребенка — лишь пять лет прошло после нашего выпуска, но у всех в жизни произошло немало. MBA заставляет нас общаться и работать над проектами с разными людьми. Это немаловажная часть образования, которую, к сожалению, начинаешь ценить только годы спустя.

Связи, карьерный сервис и исторические корни «бренда»

Пятая категория, которую мне хотелось бы упомянуть, говоря о пользе от MBA в топ-школе, — это связи в индустрии и умение ими пользоваться. Когда я только переехала в Америку, мой приятель А., окончивший Стэнфордскую бизнес-школу, рассказывал мне о своем опыте поиска работы. Я серьезно засомневалась, не пополнит ли он вскорости ряды официантов: А. заходил в базу выпускников, выбирал людей, с которыми ему хотелось поговорить, и посылал им сообщение с просьбой встретиться и ответить на пару вопросов.

— А почему ты думаешь, что они будут с тобой разговаривать?

Я уже не помню, на что сослался тогда мой приятель, на пуд соли или традицию, но факт остается фактом. Именно так решают проблемы выпускники хороших школ — и, представьте себе, в большинстве случаев с ними действительно соглашаются побеседовать. У согласившегося может не быть открытых позиций, но, как правило, он порекомендует еще кого-то, те еще кому-то представят — и в результате цепочка выведет к решению проблемы. Откуда мне это известно? Во-первых, потому, что мой приятель из Стэнфорда нашел таким образом работу, и не один раз, а потом нашел финансирование для своего первого и второго стартапов. Во-вторых, потому, что впоследствии точно так же находили работу многие мои одноклассники по Колумбийскому университету. А в-третьих, потому, что, поборов стеснительность, я воспользовалась тем же путем, чтобы связаться с женщиной, занимающей очень высокую позицию в другой индустрии, и получить совет. Ее адреса не было нигде в сети — я нашла в базе выпускников Колумбии вице-президента из ее компании и написала сообщение. Через день у меня были адрес, пара советов, как к ней лучше обратиться, и пожелания удачи, а через неделю — и ответ от интересующего меня лица. Все еще немного сомневаясь, я попробовала еще раз — и опять получилось. Кроме того, я поняла, что, когда ко мне обращаются таким образом за помощью выпускники моей бизнес-школы, я соглашаюсь потратить полчаса на то, чтобы что-то посоветовать и чем-то помочь незнакомому мне человеку. Единственное, что мне известно, — это то, что он нашел в себе силы пройти тот же суровый отбор, тяжелую учебу и хочет чего-то добиться. И я рада помочь, как другие помогали мне.

Конечно, доступ к базе выпускников можно заменить знакомствами в индустрии — например, при помощи социальных сетей LinkedIn и Plaxo. Я проверяла тот же метод ускоренного решения вопросов с помощью LinkedIn. Интересовавший меня человек, знакомый знакомого, связывался со мной в течение пары дней, и мы очень продуктивно беседовали. Однако эффект от вашей сети будет хорош ровно настолько, насколько, во-первых, вы умеете ею пользоваться, а во-вторых, насколько влиятельны ваши друзья и кого они знают. Сам процесс приема в школы первой категории, в частности более высокие барьеры при поступлении, во многом гарантирует, что вы попадете в класс, где люди имеют потенциал продвинуться дальше по карьере. Тот самый «комплект вооружения», который дает хорошая школа, при грамотном использовании эту тенденцию лишь усиливает. Так что после окончания, и особенно по мере продвижения по карьере, выпускники топ-школ имеют лучшие связи или возможности их завести.

Сеть и умение ею пользоваться были для меня одной из основных причин поступления в Колумбийский университет. Проработав всю жизнь в одной компании, я имела немало установившихся внутри нее связей, ограниченное количество знакомых в той же индустрии, но не знала практически никого в других отраслях, за исключением наших заказчиков. Обучение МВА помогло мне восполнить этот пробел.

Возвращаясь к «арсеналу МВА», шестым пунктом списка я бы включила так называемый «карьерный сервис» — отдел помощи студентам в поиске работы и развитии карьеры. Направления его деятельности разнообразны — от размещения объявлений на сайте и составления сборника резюме выпускников для рекрутеров до организации встреч с нанимающими компаниями и даже консультаций с тренером по карьере. Я не собиралась менять работу, поэтому во время учебы пользовалась лишь малым количеством услуг этого отдела, но мне очень помогли консультации с карьерным тренером. Многие же мои одноклассники, искавшие работу, получили немало интересных предложений. Особенно полезна эта услуга тем, кто идет на MBA с целью поменять карьеру, например перейти из IT в общие области бизнеса — управление операциями, маркетинг, инвестиции. В школах первой категории такие программы необычайно развиты, школы имеют устоявшиеся отношения с отделами кадров престижных компаний по всей стране и за рубежом. В школах второй категории больший упор делается на местных нанимателей, что часто помогает найти первую работу, например, очень много выпускников NYU попадает на Уолл-стрит. В школах третьей категории таких программ часто нет вообще или они гораздо более ограниченны и формальны.

И последнее: бизнес-школа ставит бренд, своего рода знак качества на вашем резюме, свидетельствующий о том, какой отбор и обучение прошел выпускник. Наибольшее значение бренд имеет в первые годы для получения первой и второй работы. Чем дальше, тем меньше значения придается тому, какую школу человек окончил, и больше — тому, чего человек добился, что он умеет и кого знает. Для меня при поступлении бренд имел большое значение, так же как и наращивание сети контактов. Работая всю жизнь в одной компании, я понимала, что в случае, если захочу перейти в другое место, и не по личным связям, а по рекомендации рекрутера, то буду для нанимателей «темной лошадкой». Узнаваемый бренд школы показывает, что знания реальны и соответствуют независимым стандартам.

Бренд также важен в двух случаях. Во-первых, для тех, кто меняет карьеру в середине жизни, — он позволяет открыть ту самую «первую дверь», найти первую работу в новой области, которую труднее всего получить. А во-вторых, он важен в областях, где работают много выпускников ведущих бизнес-школ, например в инвестиционных компаниях, а потому является своего рода пропуском в клуб.

А вы знаете, откуда пошло слово «бренд»? Полгода спустя после окончания МВА я получила долгожданную позицию executive и стала директором маркетинга линейки юниксовских серверов IBM Power Systems. Большая часть нового дивизиона располагалась в Техасе, включая моего нового начальника П., так что наведываться в Остин мне приходилось часто. Не успела я расположиться во временном кабинете и впиться в телефонную трубку, как у меня на пороге образовалась дама с большой железякой в руках. Ее приветственная речь с сильным техасским акцентом сводилась к тому, что это вовсе не орудие убийства чужаков из Нью-Йорка. В прошлом году бренд Power вышел на первое место на рынке серверов с операционной системой Unix, и эта железная штуковина была призвана данное событие отметить, а мне как новому директору непременно должна быть вручена. Видите, тут на конце зеркально перевернутая буква P и цифра 1? Тут она наконец заметила мое нью-йоркское замешательство:

— Ах, honey*, ты же, наверно, не знаешь, что это такое! Это же тавро («бренд»), им клеймят телят!

Действительно, откуда нетехасцу, хоть и маркетеру, знать... и как не знать в техасском офисе! Слово «бренд» пошло от клейма, которое каждый хозяин ранчо ставил на своих телят. Орудие я на всякий случай оставила секретарше босса для пересылки через Fedex — вдруг сотрудники безопасности авиакомпании тоже не из Техаса? Распаковывая посылку, моя нью-йоркская секретарша воскликнула:

— О! Настоящее тавро из Техаса! У нас, конечно, нет телят, но им так замечательно ставить метку на гамбургерах, которые жарятся на гриле!

Оказалось, что она родилась в Далласе. Американцы — удивительно мобильная нация.

Чего не стоит ожидать от МВА

Говоря о причинах получить степень МВА, стоит, конечно, упомянуть и о том, какие ожидания оказываются неоправданными.

---

* Honey — «сладкий», распространенное ласковое обращение, по отношению к незнакомым людям используется преимущественно на юге Америки.

Во-первых, это немедленное повышение в должности исключительно на основании получения степени. Одним из весьма распространенных мифов является надежда на прыжок по карьере как подарок от родной компании по поводу получения диплома. Особенно это заблуждение распространено у выходцев из нескольких стран, где образование традиционно ценится очень высоко, например Австрии, Германии, Индии и Китая. На американском рынке сама по себе степень не прибавит звездочек на погонах, лишь поможет начать работать по-другому, приближая эти самые желанные звездочки.

Во-вторых, это надежда Выйти Удачно Замуж — помните, была такая расшифровка аббревиатуры ВУЗ в бывшем СССР? Я так часто встречаю совет пойти на МВА в женских сообществах русскоязычной сети, что специально для девушек замечу: с гораздо большим успехом вы сможете найти супруга, начав играть в гольф или нырять с аквалангом. Количество знакомств возрастет, но большая часть новых друзей-студентов будет сконцентрирована на работе и учебе, оставляя мало времени на личную жизнь, и особенно на серьезные отношения. На нашем курсе было сыграно некоторое количество свадеб — многие одноклассники, уже имевшие девушек до поступления, предпочли жениться. Девушки почувствовали у своих избранников резкое падение интереса к социальной жизни — учеба заполняла весь предоставленный объем — и стали ставить ультиматумы. Но ни одной поженившейся пары на курсе не было, зато случилась пара разводов: обучение связано с резким повышением занятости, снижением готовности к социальной жизни вне школы, что может оказать негативное влияние на уже сложившиеся отношения.

Конечно, на обычных программах МВА, где студенты, как правило, не работают, времени на общение и тусовки остается больше, чем на EMBA, где большинство слушателей занимает серьезные должности. А значит, и количество пар больше. Тем не менее, если ваша главная цель похода на MBA — поиск состоятельного супруга, вы можете очень сильно прогадать: процент успеха здесь слишком мал относительно времени и денег, потраченных на поступление и учебу.

MBA и EMBA

Раз уж мы затронули разницу между MBA и EMBA, поговорим об их отличиях и относительных достоинствах.

Программы EMBA стали создаваться относительно недавно с целью предоставить доступ к MBA людям, работающим 10–15 лет в индустрии, но не собравшимся по каким-либо причинам получить степень ранее. Как и в моем случае, за учащихся на EMBA часто платят их компании. Многие организации используют это поощрение для удержания перспективных сотрудников, подписывая договоры о возврате денег в случае увольнения до определенного срока. Правда, высокий уровень достижений, хорошее резюме и свежая степень часто делают свое дело. Студенты меняют работу в течение обучения или вскоре после окончания, а выплату за обучение осуществляют из оговоренных с новым нанимателем «подъемных» — MBA не зря учит вести переговоры.

Главные отличия EMBA от традиционного MBA продиктованы именно разницей в студенческой аудитории. У людей, работающих на руководящих или высоких профессиональных позициях, времени на учебу остается меньше, но и начальный уровень знаний выше. Критерии поступления те же, но часто бизнес-школы несколько сокращают учебный курс. И тут разница между топ-школами с устоявшимися программами и школами средней руки, для которых это новое поветрие, особенно заметна. Там, где студенты прошли серьезный отбор, «срезают» начальную часть материала.

Например, тратят не более получаса на введение основных финансовых терминов или краткий обзор котлеровских 4P в маркетинге, а основной учебный курс начинается сразу с более весомого содержания. Студентам с опытом в других дисциплинах, не знающим основ нового предмета, предлагается дополнительная литература для чтения как пререквизит. В силу большей занятости по работе упор на EMBA делается на домашние задания, чтение, внеклассную работу. В школах похуже начать курс «с середины» нельзя — так что более простому материалу посвящено большее количество учебных часов, чем в топ-школах. Следовательно, остается куда меньше времени на более сложный материал или на более продвинутые классы, такие, например, как выход из банкротств, слияние компаний или «следственная бухгалтерия» (forensic accounting).

Преимуществом более взрослых и уже сделавших определенную карьеру соучеников является и то, что чуть ли не по любому предмету в классе может оказаться эксперт-практик. Такой человек всегда добавит к рассказу профессора интересные штрихи о применении теории в реальной жизни. Например, в классе по выходу из банкротств со мной учился один из пилотов United Airlines, входивший в группу профсоюза, которая вела переговоры с администрацией. Как вы можете себе представить, дискуссии о сокращении непомерных пенсионных программ в авто- и авиаиндустрии у нас проходили особенно интересно. Были у нас специалисты и по бондам, и по бухгалтерии, и по кадрам — все прибавлявшие что-то к пониманию предмета. Я тогда работала в IBM Life Sciences, и профессор маркетинга попросила меня рассказать в классе о реальной разработке рекламных кампаний, например, на что стоит обращать внимание при выборе агентств.

Другим преимуществом профессиональной аудитории является наличие у большинства работы. Хотя некоторые студенты ЕМВА и меняют компании, в большинстве своем они не соревнуются за лучшие места для выпускников этого года на Уолл-стрит. Но они куда более заинтересованы в создании сети знакомств, так как за время работы научились ценить связи. Так что обсуждения в классе идут более продуктивно и доброжелательно, никто не стремится «себя показать», одноклассники вовсю помогают друг другу. У меня была возможность сравнить, так как некоторые редкие классы были открыты для обучающихся с обеих программ. Разница в возрасте и стиле поведения была довольно заметна.

Третья особенность ЕМВА, связанная и с оплатой обучения компаниями, и с занятостью студентов, состоит в том, что бизнес-школы стараются упростить им чисто бытовые проблемы: кормят обедами и выдают полный комплект учебников. Правда, это слегка повышает цену. При выборе ЕМВА — как и обычной программы или выборе между ними — стоит поговорить с ее выпускниками. Спросить о любимых предметах, какие из них были самыми простыми и самыми сложными, как изменилось восприятие бизнеса и работы по окончании, чем помогла программа, что по прошествии лет кажется наиболее ценным, что стоило сделать по-другому.

Как хорошо сформулировал один мой коллега, генеральный директор многомиллиардного бизнеса, «дело не в самом образовании, а в том, что человек с ним сделает». Тому, кто использует его с толком, образование, в том числе МВА, поможет, как большой нож и умение драться помогли Данди Крокодилу.

Глава 9

Офисная политика: горизонтальный конфликт

К раввину пришел еврей в расстроенных чувствах:
— Ребе, у меня такие проблемы, такие проблемы, никак не могу их решить!
— В твоих словах я вижу явное противоречие, — сказал раввин. — Всевышний создал каждого из нас и знает, что нам по силам. Если это твои проблемы — ты сможешь их решить. Если тебе это не по силам — стало быть, это не твои проблемы.

Еврейский анекдот

Там, где люди работают вместе, между ними складываются отношения, а значит, возникает офисная политика. С кем согласиться, с кем вступить в открытый конфликт, кто соратник, кто враг моего врага? Ни один нормальный человек не любит офисную политику, так что вы в хорошей компании, на другом конце спектра окажутся манипуляторы и психопаты. Тем не менее вряд ли вам удастся проработать всю жизнь с людьми и при этом полностью избежать необходимости строить отношения с трудными коллегами. Лучше принять такое положение вещей как данность и сконцентрироваться на том, как пройти через это испытание с наименьшими потерями. Даже наука, искусство и другие далекие от бизнеса области сопряжены с необходимостью делить ограниченные ресурсы — гранты, премии и публикации, а значит, полны своих не менее страстных «бурь в стакане воды».

Одна из народных мудростей гласит, что в случае конфликта с людьми всегда стоит выбирать «высокий путь» (take the high road, как говорят в Америке). Это означает: не опускаться до дрязг и дележа власти, не говорить ни о ком плохо, прежде всего стараться увидеть в чужих действиях положительные мотивы и не делать другим того, что не хотели бы испытать на себе. В целом это замечательный совет, и я знаю людей, которые всегда ему следуют. К сожалению, есть ситуации, когда само определение «высокого пути» не столь однозначно, например, не всегда ясно, как именно исходить из лучших побуждений, но при этом все-таки преодолеть препятствие. «Высокий путь» означает не игнорирование проблемы, а скорее желание решить ее, не опускаясь до попыток подставить других, провокаций, выгораживания себя за чужой счет или совершения выбора, противоречащего собственным убеждениям.

Начну с общих моментов в подходе к конфликтной ситуации с коллегами. Под конфликтом мы в дальнейшем будем понимать противоречие интересов и внутренний дискомфорт, который оно вызывает, а совсем не обязательно словесно обозначенное противостояние сторон.

Во-первых, очень важно видеть за проблемами реальные препятствия, а не «плохих людей». Нередко конфликт бывает вызван «плохой системой», в которую попадают «хорошие» люди. По крайней мере, лучше всегда начать именно с такого предположения и постараться устранить объективную причину. Например, представитель другого дивизиона не проявляет инициативу в совместной работе. Это частая ситуация в организации с матричной структурой, где продавцы различных продуктовых групп должны сотрудничать в общих проектах, поставляя заказчику разные части общего решения. Чем это вызвано? Непосредственно историей ваших личных взаимоотношений или системой мотивации и компенсации, принятой в их дивизионе? Почему вы думаете, что Марк должен с вами сотрудничать, и не получится ли, что, помогая вам в проекте с относительно малой прибавкой к своим комиссионным, он упустит сделку большего размера на своей «территории»? Как Донна работает с другими представителями вашего отдела и как другие представители ее отдела работают лично с вами?

Отвечая на подобные вопросы, вы довольно часто убеждаетесь, что проблема не в самом человеке, а в организации дела в целом. Это не означает, что следует махнуть рукой на совместную работу — просто не стоит ожидать от людей высокой активности как чего-то должного. Надо подумать, как добиться желаемого, для начала ответив для себя на вопрос «Почему участие коллеги в вашем проекте важнее ряда его собственных дел для компании в целом?». А затем найти способ донести это объяснение до него и, вполне вероятно, до его руководителя. Возможно, вы столкнетесь с конфликтом интересов. Например, продажа аппаратных средств пойдет лучше, если в каждую сделку будет включено их бесплатное обслуживание, но работники сервиса вряд ли придут в восторг от такого подхода. Конфликт можно разрешить с помощью внутренней бухгалтерии компании, разделив прибыль между подразделениями сервиса и серверов. Однако анализ также может выявить, что ваше предложение оптимизирует выгоду для одного отдела, но уменьшает ее для компании в целом, то есть вам не удастся повысить продажи настолько, что полученная прибыль окупит бесплатное обслуживание, а значит, не очень привлекательно.

Любой учебник по военной науке посоветует всегда выбирать время и место битвы. Не во всякую драку следует влезать: крупный выигрыш часто требует немалого риска, и иногда лучше просто подождать. Случается, что не так важен результат, как велик ущерб по его достижению. А иногда задержка даст вам возможность привлечь более сильного союзника, пролоббировать свое решение. Или просто, как в индийской пословице, можно дождаться, сидя на дереве, пока мимо по реке проплывет труп твоего врага: ситуация выправится без вашего вмешательства.

Кроме того, в ряде случаев выигрыш одной битвы не даст вам ощутимого преимущества в решении задачи в целом. Например, моя подчиненная Ж., команда которой отвечала за продажи ряда продуктов, пыталась упростить систему возобновления платного обслуживания. Для этого надо было внести изменения в организацию работы сервиса и в конфигуратор, автоматически добавляющий в контракт возможность возобновления. Команда, отвечавшая за конфигуратор, не могла сделать работу раньше конца квартала, потому что у них не хватало людей. Группа сервиса оказалась сговорчивее и была готова начать изменения в своей организации в течение месяца. Ж. собралась обсуждать проблему с конфигуратором с более высоким начальством и настаивать на ранних сроках, пока я не спросила ее, сколько времени потребуется сервису на достижение полной готовности. До конца квартала оставалось всего восемь недель. Посчитав, Ж. поняла, что на деле можно выиграть максимум неделю-другую, да и то при условии, что группа сервиса оценила время точно. Вместо дальнейших споров мы утвердили план работ.

Говорят, то, что нас не убивает, делает нас сильнее. Очень многие проблемные ситуации будут повторяться в различных вариациях вновь и вновь на протяжении вашей карьеры. Частично из-за того, что они типичны для определенной среды или профессии, например, амбициозный сотрудник пытается приписать себе всю славу за проект, сделанный группой. Частично из-за того, что в состоянии стресса мы скатываемся к наиболее привычному поведению, повторяя уже, казалось бы, исправленные погрешности в работе с людьми. Например, начинаем агрессивно реагировать на провокации или в силу природного перфекционизма требовать от коллег больше, чем они готовы сделать. А это, в свою очередь, приводит к однотипным конфликтным ситуациям. Рано или поздно надо научиться либо в них не попадать, либо с ними справляться. Успешно разрешив такую ситуацию один раз, вы не только почувствуете себя сильнее, но и поймете, как ее предвидеть, не наступить снова на одни и те же грабли.

Например, один мой коллега поставил себе правило трех сообщений. После трех мейлов с возражениями и аргументами туда-сюда по одному и тому же вопросу он откладывает дела и звонит коллегам, чтобы в прямом разговоре совместно решить возникшую проблему, а не доводить в переписке негативные эмоции до «критической массы», что часто подводило его в прошлом.

Готовясь обсуждать тему офисной политики, я спросила читателей своего блога о наиболее типичных проблемах, с которыми они сталкивались. Вот некоторые из них.

Выбор между перфекционизмом и конфликтом

Начальник предлагает вам и вашей коллеге решить самим, как лучше обрабатывать и представлять данные. Коллега хочет делать «как это делали всегда», а вы знаете новый метод, более эффективный. Что лучше — сохранить хорошие отношения или «пойти на принцип»?

Прежде всего, стоит понять, насколько для вас значима разница в результатах выбора метода. Что окажется важнее три года спустя, если вы оба останетесь в компании: даст ли сбор данных по-другому столь серьезный прорыв, чтобы из-за него стоило портить отношения? Если разница невелика и основная нагрузка при этом ложится на коллегу, то стоит подавить в себе перфекциониста: в человеческих и профессиональных отношениях последствия конфликта оставляют долгий след.

Если новая методика действительно дает серьезные преимущества, то имеет смысл настаивать. Но это не обязательно означает, что вы добьетесь своего, просто продемонстрировав положительные стороны своего подхода коллеге: ее могут совсем не волновать результаты. Например, она дорабатывает пару лет до пенсии, результатов разработки не увидит, а вот уходить домой позже или учить что-то новое не хочет. Или ее работа может измеряться совсем по другим критериям. А может быть, просто это «ваш» проект, и вы конкурируете друг с другом, так что она совсем не желает вам успеха. В любом случае имеет смысл поставить себя на ее место, понять причины сопротивления и задуматься о мотивации.

Последнее очень непросто, так как потребует от вас совместить в одном решении очень разные интересы. Однако именно те, кто учится делать это успешно, регулярно и без привлечения руководства, добиваются наибольших успехов в карьере. Особенно это заметно в матричной организационной структуре, где ближайший общий начальник может стоять на несколько уровней выше, и «дергать» его по поводу мелких конфликтов просто неудобно.

Предположим, что в приведенном выше примере вы являетесь внутренними конкурентами. Тогда стоит не просто разделить работу, но и представить изменение процесса как общую инициативу, независимо от того, кому принадлежала идея. Продемонстрировав умение оставить в стороне личные разногласия ради общего дела, вы оба лишь увеличите свои шансы на повышение,

Не можешь побороть — стань одним из них

То, что вы не будете искать бревно в чужом глазу, совсем не значит, что на вашу работу не будет нападок со стороны других. Попытки оправдаться или, еще хуже, отвечать на любую критику раздражением лишь укрепят окружающих в мысли о недостатках в вашей работе. И нападающая сторона будет в выигрыше: почти любой процесс можно улучшить или хотя бы предложить его обнадеживающие модификации с отложенным результатом. Иногда такая критика возникает как попытка «захвата территории», иногда — с целью отвлечь внимание от собственных недостатков, иногда — для того, чтобы представить вас в невыгодном свете. Так или иначе, на нее надо отвечать.

Один из способов бороться с такой атакой — перехватить инициативу по улучшению работы. Вы продемонстрируете лидерские качества, возможно, усовершенствуете процесс и покажете достижения. Одновременно предотвратите ситуацию, когда это сделает за вас другой человек, оставив вас объектом критики. Заслуженной или нет — в данном случае неважно: если улучшения удались, то с точки зрения руководства критика окажется справедливой. Став же лидером новой инициативы, вы перехватите контроль и сможете совершить ответные действия — например, предложить изменения в работе нападавшего.

Однажды много лет назад мой отдел отвечал за кампании по привлечению спроса. Решения, которые мы продавали, разрабатывались смежным отделом маркетинга. Решения — это комбинация продуктов, собранных под специальную задачу, например, решение для разработчиков лекарств может давать возможность сравнивать результаты химического эксперимента с формулами веществ в базе данных, а решение для банков — проводить операции по счетам клиентов. Оно может состоять из нескольких компонентов, например, аппаратных средств, программного обеспечения и сервиса. Все это должно быть протестировано и поставляться через единого агента. Смежный отдел занимался созданием таких «наборов» под наиболее актуальные задачи, выбирая области с высоким ростом покупательского спроса.

По ряду причин отношения с начальником Д., возглавлявшим этот отдел, у нас складывались неважно. Мне казалось, что он слишком поверхностно анализирует рынок и не имеет достаточно хорошего объяснения, почему наши решения лучше тех, что предлагают конкуренты. В какой-то момент мы столкнулись с недостатком заказчиков на ранних фазах цикла, возник вопрос о том, насколько привлекательны эти самые решения. Чтобы отвлечь внимание от своей работы, Д. стал активно критиковать организацию кампаний по созданию спроса.

Интегрированная маркетинговая кампания в крупном бизнесе — это сложный, хорошо отлаженный, многоэтапный процесс с разделением функций и последовательной обработкой информации. Она начинается с запуска информационных тактик (реклама, баннеры), за ними следуют действия по углублению интереса и «сужению воронки» заказчиков, например технические и детальные веб-касты или семинары. Отобранные в результате клиенты, заинтересованные в продукте, регистрируются, и если они дают на это разрешение, им для первичного отбора звонят разработчики контактов. В простых случаях сделка совершается по телефону, в более сложных — работа с перспективными клиентами переходит к отделу прямых продаж или партнерам. Данные по маркетинговой кампании регулярно анализируются, и в случае проблем, например снижения доли заинтересованных заказчиков, соответствующие ее этапы пересматриваются.

Моей первой реакцией на атаку была демонстрация результатов, тем более что мы генерировали самый большой процент продаж по дивизиону среди новых клиентов. Это была хорошо отлаженная за много циклов машина, и я по праву ею гордилась. Но Д. продолжал упорствовать, приносить на встречи с начальством анекдотические рассказы о встречах с отделом продаж, недополучающим заказчиков, задавать вопросы о деталях передачи контактной информации и ставить под вопрос эффективность нашей работы.

Его знания о том, как вести измеримую, интегрированную кампанию, были явно невелики, так что мой снобизм в сочетании с «коротким запалом» уже начинал давать сбои. Климат в команде ухудшался на глазах — как профессионалы своего дела, мои подчиненные тоже не могли понять, почему наши кампании, лучшие по показателям в дивизионе, подвергаются атаке. Д. выступил с предложением создать проектную группу для анализа и улучшения процесса.

И вот тут, после долгих колебаний, я нашла путь из этой ямы. Он заключался в том, чтобы перехватить инициативу. В любом процессе можно что-то улучшить, и уж если кто-то будет вносить изменения, то это буду я и мой отдел. Я объявила, что начинаю проект по улучшению, и создала рабочую группу. Возглавив работу, я могла выбирать, какие области нуждаются в повышенном внимании и кого пригласить в проект. Тут уже пришлось Д. забеспокоиться — я добавила к постановке задачи анализ качества решений. И хотя я включила в список самого Д., но также пригласила и ряд профессионалов по интегрированным маркетинговым кампаниям. Они не только составили хороший альянс, поддержав нашу команду, но и были рады, что к ним обратились за советом, а потому, когда мы определились с изменениями, помогли их внести.

В итоге мы нашли возможность дополнительно повысить эффективность и сделали это совместными усилиями всей группы. Неизвестно, смогли бы мы этого добиться без отдела продаж, представителей которого я пригласила к участию.

Мы добавили еще одну сортировку контактов, приходящих с семинаров, выделив наиболее концентрированный список потенциальных заказчиков. Эта сортировка проводилась при помощи отдела продаж сразу после семинара и давала возможность отобрать наиболее стратегически важные или «горячие» контакты для немедленной работы.

Мы также ввели способ отметки таких заказчиков в системе, чтобы они не выпадали из статистики. Путь от семинара до беседы с отделом продаж сократился по времени, повысилось количество закрытых сделок. Изменение процесса позволило нашей команде укрепить лидерские позиции — новый подход захотели внедрить другие группы внутри IBM, мы начали хорошую тенденцию — и моему резюме это совсем не повредило.

Вопросы авторства и вознаграждения

В индустрии моды нет понятия копирайта на фасоны и детали — художники могут смело повторять идеи, защищены только логотипы фирм. Считается, что именно это приводит к высокой скорости оборота и прибыльности. Тенденции распространяются быстрее, а значит, наиболее рьяные поклонники моды чаще меняют фасоны. Однако в повседневной жизни вопрос авторства стоит очень остро, так как умение создавать и внедрять новые идеи ценится высоко и напрямую соотносится с вознаграждением. Одной из наиболее распространенных жалоб на трудных коллег являются рассказы о сотрудниках, присваивающих чужие идеи или результаты совместной работы.

Я лично не сталкивалась с тем, чтобы кто-то поделился мыслью о новом продукте или маркетинговом ходе с коллегой, а тот реализовал проект, даже не упомянув рассказчика при получении благодарности. Более того, как правило, действительно разработать продукт или запустить маркетинговую кампанию бывает куда труднее, чем придумать идею. Еще сложнее бывает решиться на риск по разработке или запуску: ведь идей озвучивается много и надо выбрать, на какую из них поставить, найти финансовую поддержку, венчурный капитал или ресурсы внутри компании. Кроме того, в подобных проектах участвует много людей, так что, возможно, автор идеи преувеличивает значение своего индивидуального вклада. Но если взятая на вооружение идея не заслужила автору как минимум похвалы и признания его авторства, то обида вполне понятна.

Тем не менее я не раз встречалась с людьми, говорившими «я» вместо «мы», фактически оставляя команду, осуществлявшую проект, за бортом при получении наград. Как бороться с подобными ситуациями? Прежде всего, конечно, хорошо бы попытаться их предотвратить. Если вам приходится работать с сотрудником, который этим грешит, а молва часто идет впереди человека, то лучше принять меры предосторожности и не делиться с ним идеями один на один. Не озвучивайте мысли «сырыми» — попробуйте довести их до ума и представить публично, чтобы не возникало сомнения в авторстве. Лучше высказать их лично начальнику — возможно, он отвергнет одни, но даст вам возможность разработать другие и даже привлечь к этому других сотрудников. Или делайте это в письменном виде, с копиями большому количеству людей, чтобы у многих осталась память об источнике.

Если коллега, ранее забывший поблагодарить вас за ваш вклад, попросит о помощи, то вполне уместно отказаться или (что, на мой взгляд, лучше, тем более если это соответствует интересам организации в целом) — согласиться помочь, но на этот раз выбрать форму ведения совместного проекта. Она должным образом обозначит ваше участие и позволит не откладывать задуманное. Кроме того, я бы, не стесняясь, в дружеской форме объяснила сотруднику, что именно вас обидело в свое время в его поведении. Часто человек представляет работу как единоличную заслугу, просто не задумываясь о том, что тем самым обижает остальных, — он охвачен радостью удачного проекта, сам много и упорно работал над ним и хочет заразить всех желанием продолжить дело. Я видела несколько ситуаций, когда после подобного разговора человек извинялся и начинал вести себя по-другому. Нам свойственно преувеличивать то, насколько часто другие думают о нас и наших чувствах, в то время как у амбициозных и целеустремленных людей в центре их вселенной чаще всего находятся они сами. Тем не менее они способны здраво оценить, насколько потеря желания других работать с ними может повредить их репутации и результатам работы, и часто бывают готовы изменить стиль общения.

Несколько сложнее ситуация, когда о помощи другому попросил ваш начальник или ментор, который может быть не в курсе былых «подвигов» вашего коллеги, а вам неудобно отказать. Тогда имеет смысл очень аккуратно продумать, как именно вы построите свое участие. Например, предложите ссылки на источники информации, общие советы, помощь при проверке и обсуждении результатов, что оградит вас от необходимости выполнять работу за этого человека.

Однажды я столкнулась с коллегой, употреблявшим в рассказах о работе команды исключительно первое лицо. Сначала, в минуту раздражения, я предложила ему почаще говорить «мы» вместо «я» — и получила выговор от своей начальницы.

— По сути, ты права, — сказала она, — но это не имеет значения, потому что конфликт между руководителями всегда плохо отражается на работе между их командами. Кроме того, если ты показала ему, как тебя вывести из себя, он сможет этим пользоваться в будущем, а значит, ты снова окажешься в проигрышной ситуации.

Тогда мы поговорили с коллегой с глазу на глаз, честно и открыто — что каждого из нас обижает в действиях друг друга — и, как ни странно, после этого стали терпимее друг к другу относиться. Параллельно я нашла еще и дополнительный путь, чтобы вносить коррективы. Когда он рассказывал об общем проекте как исключительно личной заслуге, я стала брать слово и поименно благодарить своих и его подчиненных, участвовавших в работе. Ему не оставалось ничего другого, как присоединиться. Способ этот не только вызывает теплые чувства у людей, действительно делавших работу, но и позволяет исправить ситуацию, не опускаясь до негатива. Для того чтобы поблагодарить других, не надо быть начальником. Поблагодарите в конце встречи Джона и Джейн за прекрасную совместную работу над проектом, и все запомнят не только их вклад, но и ваш.

Заяц-хвастун

Еще один типичный случай «трудного коллеги» вызывает в памяти сказку о расхрабрившемся зайце, обещавшем с пенька победить волка. Это коллега, направо и налево раздающий невыполнимые обещания, полный высокомерия и преувеличивающий собственные знания. Особенно тяжело, когда по каким-то причинам этот человек обладает особым статусом неприкосновенности и вам не хватает политического капитала вступить с ним в открытый спор.

Лучше всего линию поведения, которая помогает справиться с такой ситуацией, описывает американская пословица «Дай ему достаточно веревки, чтобы повеситься». Те, кто публично преувеличивает свои возможности, но не добивается результатов, находятся на пути к «самоуничтожению» — не мешайте им. Попытки вывести такого человека на чистую воду и доказать, что его обещания нереальны, легко могут сыграть против вас. Во-первых, если результат действительно окажется большим, а вы выступали в роли «Фомы неверующего», вместо того чтобы помогать команде, вы потеряете доверие. Во-вторых, в случае неудачи «противодействующий» легко окажется крайним и виноватым. И наконец, скептицизм и негативизм вряд ли хорошо отразятся на «самочувствии» команды в целом: даже если в конечном счете вы окажетесь правы, ваша репутация пострадает. Лучше всего в этой ситуации дать возможность человеку осуществить обещанное самостоятельно, даже если вам кажется, что вы поступаетесь частью «своей территории». Подыграйте и помогите «эксперту» продемонстрировать свои истинные способности, следя, чтобы вся ответственность за конечный результат оставалась лежать на нем.

Например, если ваша сотрудница по любому вопросу говорит: «Это элементарно», — попросите ее совета, но сделайте это вежливо и публично. Во-первых, тогда она скорее его даст, а во-вторых, тем лучше это запомнится окружающим.

— Мэри, с точки зрения твоего опыта, с какого канала сбыта нам лучше начать?

— Дерек, ты часто рассказываешь, как вы использовали этот метод на предыдущей работе. Как нам лучше поступить?

Дальше ситуация может сложиться двояко. Хотя я верю, что все мои читатели настоящие профессионалы, всегда существует шанс, пусть и микроскопический, что опыт Мэри действительно больше вашего и она посоветует нечто, на ваш взгляд, странное, но на самом деле полезное. Вы добьетесь лучших результатов, а значит, и вознаграждения, а также заслужите репутацию человека, умеющего работать с другими. Или, наоборот, то, что она посоветует, никуда не годится. Если вы хорошо знаете свое дело, то сможете на месте объяснить почему. А если сомневаетесь — попробуйте регулярно отчитываться перед командой, упоминая при этом, что следовали совету Мэри: после нескольких неудач ее желание хвастаться поутихнет.

В более мягком варианте, если единственный вред хвастовства — это вера начальства в большие способности коллеги, просто потерпите. Чем сильнее завышены ожидания, тем горше бывают разочарования и быстрее наступает развязка.

Мне приходилось неоднократно сталкиваться с «зайцами-хвастунами», к сожалению, их немало в корпоративном мире. Как правило, если «заяц» не становится более реалистичным, рано или поздно он уходит со сцены сам. При должном количестве веревки — то есть свободы совершать ошибки — он их совершит, и со временем критическая масса ошибок перейдет в качество. Случается и обратное: человек перестает вести себя вызывающе, начинает больше слушать других и реже выпячивать себя. Дело в том, что нередко хвастовство — это просто защитная реакция на новый коллектив или неумение пройти «медные трубы» недавнего повышения. Так или иначе, ваша задача состоит в том, чтобы сохранить свою репутацию, не деморализовать команду и не упустить возможности научиться, если за хвастовством все-таки стоит реальный опыт.

Наконец, бывают ситуации пусть и безобидные, но сильно раздражающие. Когда коллега хвастается не для того, чтобы поразить начальство, а чтобы вызвать простую бытовую зависть у окружающих. В этом случае рассказ о профессиональных успехах необязателен, на первый план выступает непрерывное преувеличение собственной социальной значимости. Например, к месту и не к месту вставляются истории об «открывании ногой дверей» к начальникам высокого ранга или о материальных благах, подаренных супругом. Как правило, такого рода поведение скрывает комплекс неполноценности. Человек понимает, что не состоялся профессионально, и пытается вызвать у вас уважение дешевым приемом; будучи не в силах изменить реальность, пытается исказить ваше представление о ней.

Наиболее энергоемкий способ не попасться на эту удочку описан в следующем анекдоте.

Встречаются две женщины:
«Любовник покупает мне норковую шубу...» — «Потрясающе!» — «А еще он обещал мне купить «Ягуар»...» — «Потрясающе!» — «А еще мы с ним поедем отдыхать на Канарские острова!» — «Потрясающе!» — «А что у тебя нового?» — «Я учусь в школе хороших манер». — «И чему же там учат?» — «Ну вот, например, на последнем занятии нас учили вместо "Не завирайся!" говорить "Потрясающе!"».

Просто не реагируйте или отделывайтесь вежливым комментарием, как героиня анекдота. Попытка «открыть глаза» окружающим лишь выставит вас озлобленным циником, мелочным и обозленным на жизнь человеком. Скорее всего, они тоже неглупы, а если глупы настолько, чтобы за отсылкой к большим именам не видеть реальности, вы вскоре оставите их позади на своем пути к карьерным высотам. Отнеситесь снисходительно — лев не опускается до облаивания окружающих на манер болонки.

Отсутствие четкого разделения обязанностей

Хрестоматийная строчка Роберта Фроста о том, что «где хорошие изгороди, там хорошие соседи», была написана с иронией, но вполне применима к корпоративному миру. Ясность в постановке задач и разделении обязанностей — основа хорошего климата в организации. К сожалению, очень часто случается, что границы эти бывают размыты и формат взаимодействия между отделами не устоялся. Структуры компаний меняются, кризис заставил многих сократить ресурсы, в результате возникают зазоры. Из-за этого часть работы перекладывается друг на друга или «пробуксовывает». Как побочный эффект возникают конфликты, рабочая атмосфера становится тяжелой.

В идеале начальники отделов должны договориться между собой или попросить вышестоящего руководителя принять определенные решения. Но в реальной жизни они часто не могут прийти к соглашению или не видят необходимости расходовать политический капитал. В результате либо на вас сваливается дополнительная работа, либо нечто нужное всем оказывается несделанным.

В качестве первого шага лучше, как всегда, проанализировать сложившуюся ситуацию. Это тот самый случай, когда истоки конфликта, скорее всего, лежат не в «плохих людях», а в организационном устройстве — «хороших людях в плохой системе». Для полноты картины имеет смысл собрать побольше информации: кто выполняет эту работу в других продуктовых подразделениях или странах, где лежат исторические корни неопределенности, какое количество времени или дополнительных ресурсов вам необходимо. Именно хорошее знание фактов и взгляд с точки зрения вышестоящего начальника, оптимизирующего работу в организации в целом, позволят определить наиболее рациональный способ решения проблемы.

Возможно, предложение будет связано с пересмотром каких-то сроков работы по другим проектам или расширением команды. В этом случае ваш непосредственный руководитель скорее согласится встретиться с главой смежного отдела и вместе прийти к соглашению о новом разделении ролей — теперь для этого есть хорошо проработанные рекомендации.

Другой подход заключается в том, чтобы поговорить с представителями второго отдела и разделить обязанности самим, особенно если они тоже осознают сложившуюся ситуацию как проблему. Если нет — возможно, их-то как раз устраивает, что вы делаете всю работу, — подумайте, как заставить их увидеть необходимость перемен. Например, пересмотреть сроки другого проекта, потому что, делая побочное задание, вы вынуждены задержать параллельную работу.

Не всякую ситуацию можно решить в свою пользу. Но в любом случае можно разобраться в логике и «исторических корнях» организации той или иной работы, а значит, приобрести новый уровень понимания происходящего. В любом случае рациональный подход поможет снизить количество отрицательных эмоций. А вы приобретете репутацию человека, анализирующего факты, логично рассуждающего и пытающегося оптимизировать организационную структуру на пользу компании в целом. Такой капитал всегда стоит накапливать, если вы настроены на успешную долгосрочную карьеру.

Мать и мачеха

К сожалению, не все свои проекты люди любят одинаково: есть любимые детища, а есть несчастные сироты, подкинутые начальством, но не имеющие высокого приоритета. И труднее всего приходится тому, чей «родной» и важный проект зависит от вклада коллеги, для которого он является тем самым ненавистным «пасынком». Особенно много таких ситуаций возникает в горизонтальной структуре управления, где функции распределены между отделами и представители разных дисциплин собираются в рабочие группы для выполнения отдельных проектов. Например, специалист по финансам в области слияния компаний, подчиняющийся CFO, участвует трех-четырех проектах покупки, каждый со своим списком игроков. Случается, что начальство одного из подразделений соглашается поддержать чужую инициативу из политических соображений, но времени на нее нет. А уж если руководству проект не так важен, то и у подчиненного, чей вклад вам так необходим, приоритеты будут расставлены соответственно.

Очень часто при обсуждении такой проблемы вскакивает «красный флажок». Человек не просто жалуется, но прибавляет, что ему нужно «разрешить ситуацию быстро, потому что нет времени с ней возиться». Если у вас нет времени решить проблему, связанную с проектом, значит, по всей видимости, он не так для вас важен, и не надо ожидать другого отношения от других. Как бы безумно вы ни были заняты, всегда есть критические ситуации, для которых приходится найти время. Например, если вы работаете в отделе IT и у вас случились неполадки с основным сервером, вы все отложите, чтобы его починить или позвонить в сервис. Пока вы эту проблему не решите, основная ваша работа дальше не пойдет. Точно так же надо отнестись и к отсутствию желания кооперироваться: прежде всего, осознайте это как проблему, достойную времени на ее решение. Если вы готовы допустить поломки в технике, но ожидаете, что в людских отношениях все автоматизировано и работает безукоризненно, то остается лишь написать жалобу Деду Морозу.

Можете ли вы обойтись без помощи другого отдела? Если нет, а проект важен для вас — для резюме, вознаграждения, интереса или из-за просьбы человека, которому вам неудобно отказать, — найдите время попробовать устранить возникшую проблему.

Проанализируйте, почему именно эта работа важна для вас, но не приоритетна для коллеги, и что может заставить его передумать. Это уже процесс продажи: найдите, что способно заинтересовать человека. Для одного это возможность представлять совместную работу на регулярных отчетах и выступать перед начальством. Для другого — официальные благодарности от вас или вашего руководителя, которые помогут подготовить почву для предстоящих бесед о повышении. Для третьего — понимание стратегической сущности проекта, возможность поработать с новой технологией или поехать на учебу со всей командой во Францию. Любому руководителю приходится обдумывать вопрос мотивации, причем часто с ограниченными возможностями дать желаемое. Это в Голливуде можно в титрах упомянуть сотни имен, а в бизнесе всех во Францию не пошлешь. И, к сожалению, даже если вы не желаете руководить напрямую, вам придется хотя бы отчасти освоить такую область, если вы хотите быть эффективными в работе, затрагивающей интересы других. Впрочем, так как основные мои заметки написаны для тех, кто решился на карьеру, связанную с управлением в иерархической структуре, то вы уже сделали свой выбор.

Конечно, всегда можно обратиться к следующему уровню руководства с просьбой разрешить конфликт, но, скорее всего, вы столкнетесь с тем, что начальник будет «покрывать своих», так как ваш проект ему тоже не сулит большой пользы. Поэтому решение вопроса личной мотивации — путь более эффективный.

Один из способов добиться большего участия — это сделать так, чтобы ваш проект был связан с положительными эмоциями. Например, когда сотрудники других отделов помогают моим подчиненным, я всегда стараюсь найти время отправить благодарность по электронной почте с копией начальству на пару уровней выше, особенно если эти сотрудники делают что-то, не входящее в их повседневные обязанности. Такие письма имеют вес благодаря моему титулу, а главное, просто приятны — зная, что их вклад оценен, люди начинают помогать больше. Другой способ добиться помощи — это придать своему проекту более стратегическое значение, увязать его с целями компании настолько, что начальник вашего коллеги в итоге пересмотрит свои первоначальные указания. К сожалению, такое удается сделать далеко не всегда, и особенно трудно, когда дело касается проектов инфраструктурных или связанных с поддержкой операционной деятельности, а не ростом продаж или разработкой ключевых продуктов.

Еще один повод привлечь внимание к проекту — организовать встречу двух руководителей более высокого ранга с обеих сторон, чтобы они обсудили статус проекта и договорились о дополнительных действиях. Естественно, вам следует заранее обсудить стратегию с вашим начальником и подготовить предложения. Встреча должна быть доброжелательной, а потому лучше всего ее готовить совместно с другим отделом.

Какой способ окажется более приемлемым, зависит от ситуации, рода вашей работы и культуры компании. Будем надеяться, что, по крайней мере, часть ситуаций таким образом удастся выправить.

К сожалению, офисные конфликты индивидуальны и многообразны. Они куда шире тех нескольких распространенных случаев, которые я описала. Чтобы их разрешить, надо найти время отнестись к ним серьезно, проанализировать ситуацию, понять мотивы поведения людей и найти возможности совместить их цели с вашими в общем решении. Даже если это будет компромисс, он часто оказывается лучше отсутствия решения.

Чем выше вы поднимаетесь по карьерной лестнице, тем важнее научиться решать такого рода горизонтальные конфликты.

От вас будут ожидать большей самостоятельности, умения координировать действия с другими подразделениями, оптимизировать работу на благо всей организации в целом, а не преследовать интересы отдельно взятого департамента. Так что если вы выбрали путь роста в административной иерархии, то чем раньше вы научитесь самостоятельно распутывать узлы офисной политики, тем эффективнее будет ваша работа, тем быстрее вы будете двигаться по карьерной лестнице. Кроме того, поднимаясь вверх, вы все больше оказываетесь на виду, и тем сложнее вам будет изменить свою репутацию. А значит, выбор «высокого пути», умение уже сегодня решать проблемы позитивно работает на ваше будущее.

Глава 10

Давид и Голиаф: трудные отношения с начальником

> Носорог очень плохо видит. Но при его весе это не его проблема.
>
> *Анекдот*

Быть подчиненным хорошего начальника — просто, быть успешным подчиненным несколько труднее, а уж быть хорошим подчиненным человека, который тебе неприятен, порой просто невыносимо. И стоит ли? Не случайно «уйти от своего начальника» — самая распространенная причина перехода на другое место работы. Именно «от», а не «к». Стоит лишь кому-нибудь спросить: «Что делать, если начальник...» — как все наперебой начинают советовать искать другую позицию. Однако на вопрос «Стоит ли уходить?», на мой взгляд, далеко не всегда можно ответить однозначно.

Аргументы «за уход» очевидны. Предположим, вы сможете найти другую работу с достойной зарплатой — не будем усложнять задачу особенностями рынка труда или иммиграционного статуса. Но стоит ли? Для людей, рассматривающих работу главным образом как источник заработка, ответ не составит труда. А вот для марафонцев, нацеленных на долгосрочную карьеру, переход может оказаться проигрышем даже при повышении вознаграждения.

Вот три — и этим список не исчерпывается — возможные причины для того, чтобы остаться.

1. Если вы делаете карьеру, то, скорее всего, выбрали свою нынешнюю работу как определенную ступень. Например, чтобы освоить ту или иную дисциплину или технологию. Переход на другую, даже равную, позицию раньше срока означает, что многое придется начинать сначала. Смена работы отбросит вас на год-полтора назад, и вы фактически потеряете уже проработанное время, не добившись весомых результатов. Например, если вы пришли руководить отделом региональных продаж и, не успев закончить кадровые перестановки и настройку системы управления, переходите в другой регион, то проведение нужных изменений на новом месте займет дополнительное время. Конечно, год-другой может показаться небольшим сроком, но это то время, которого впоследствии вам может не хватить для скачка на более высокую ступеньку.

2. Переход на другую работу по причине того, что вы не сошлись с начальником, в будущем может плохо повлиять на вашу репутацию. К сожалению, если вы переходите слишком быстро, то подобные мотивы утаить сложно. Коллеги и будущие руководители, читающие ваше резюме, воспримут слишком ранний переход на другое место как сигнал, что вы не справились и вас заменили на более сильного игрока. Более того, как правило, вашему «плохому начальнику» не составит труда представить ситуацию именно таким образом. У того, кто ничего не делает, просто мало результатов, а у того, кто делает, как правило, можно найти, к чему придраться. Как бы вы ни были правы, какую бы плохую репутацию ваш начальник ни имел, вы, к сожалению, рискуете больше. Потенциальные наниматели могут решить — особенно при наличии сильных альтернативных кандидатов, — что не бывает дыма без огня. Даже если вашей вины в происшедшем нет, вы все равно продемонстрировали

на предыдущей работе свое неумение адаптироваться. А тот, кто не умеет изменить свой стиль поведения в зависимости от складывающейся ситуации, не всегда желанный кандидат на новую работу.

3. Самая важная, на мой взгляд, причина остаться заключается в том, что умение адаптироваться и работать с трудным начальником является одним из тех навыков, который рано или поздно надо освоить для успешного продвижения по карьерной лестнице. Чем выше вы поднимаетесь, тем меньше позиций вашего уровня существует, а значит, меньше потенциальных начальников, среди которых можно выбирать. Кроме того, люди, которые умеют приспосабливаться и менять стиль, в конечном счете разнообразят свою палитру методов управления и ценятся больше. Как следствие, их чаще выбирают на лучшие позиции. Так что чем раньше вы освоите методы общения с плохим начальником, тем проще вам будет двигаться дальше. Учиться этому неприятно, но, как говорится, все, что нас не убивает, делает нас сильнее.

Всегда прав, но с битой машиной

Я предвижу естественное раздражение читателя: если правда на моей стороне, то зачем мне мучиться? Если душевный комфорт на данный момент для вас важнее, то не задумываясь обновляйте резюме. Бывают в жизни периоды, когда стресс и без того велик, так что добавлять его на работе совсем не стоит. Да и начальники случаются такие, что, как ни убеждай себя, сил терпеть нет. Ситуация с плохим руководителем — это лучший тест, лакмусовая бумага для вашего желания сделать карьеру. Именно в таких случаях и возникает чаще всего переосмысление: пропади оно пропадом, не нужно оно мне такой ценой. При подобных испытаниях очень многие сходят с дистанции или замедляют продвижение вверх, так что решайте сами, хватает ли у вас желания и решимости продолжать путь. Оставаться на работе у плохого начальника имеет смысл, только если вы это делаете осознанно, а не потому, что не можете собраться с духом и поискать другую работу.

Еще один момент, который стоит объяснить более детально: почему в результате ухода ваша репутация пострадает больше. Есть водители, регулярно попадающие в одну и ту же ситуацию: все делают по правилам, но постоянно с битой машиной. Или упрямо не хотят уступить дорогу дураку, или не посмотрят направо-налево перед тем, как начать движение на зеленый. Так и с некоторыми коллегами: вроде каждый раз бывает прав в конфликте с руководством, но вечно оказывается в проигрыше, когда дело доходит до повышения. Ваш начальник обычно участвует в обсуждении кадров на своем уровне — и на формальных встречах, и между делом, — так что всегда сможет заронить сомнения в качестве вашей работы.

Разумеется, есть случаи из ряда вон выходящие, например сексуальные домогательства или другие нарушения кодекса поведения, за которые начальника просто уволят в случае их огласки. Но никого не попросят уйти по причине микроменеджмента, недостаточной компетентности в новой области или за несколько резкий разговор. Скорее жалобы поставят вас в ситуацию того самого «всегда правого» водителя на битой машине. Не говоря уже о том, что новый начальник дважды подумает, нанимать ли вас после такого конфликта: вдруг вам и на новом месте что-то не понравится? Вдруг вы на самом деле не очень разбираетесь в предмете, а прямые указания, что сделать и как при поджимающих сроках, объявите микроменеджментом и пойдете жаловаться?

Говорят, носорог очень плохо видит, но при его весе это не его проблема. Подобно носорогу начальник, просто за счет нахождения на более высокой позиции, к сожалению, имеет «весовое преимущество».

Так что же делать, если вы решили остаться? И работа в таких условиях неприятна, и выйти на данный момент без личных потерь вы из игры не можете, и чувствуете себя Давидом против Голиафа?

Первое, что я себе напоминаю, оказавшись в такой ситуации, — это о ее ограничениях по времени. Если у вас есть представление о том, какой минимум времени вам осталось провести в вашей нынешней роли — год? полтора? два? — то это как раз и будет самым дальним пределом, определяющим срок, в течение которого потребуются выдержка и терпение. Конечно, в случае регулярных неудобств и год покажется вечностью, но временное пережить легче, чем бесконечное и безнадежное.

В качестве второго шага попробуем разобраться в причинах поведения вашего начальника. И именно этот анализ во многом поможет вам выработать план действий. Будем исходить из предположения, что в большинстве своем люди, работающие на высоких должностях, достаточно рациональны. Если вы верите, что начальник изводит вас потому, что вы не тот зверь по гороскопу или похожи на его первую жену, то лучше читать не мои заметки, а советы астролога. Я вас разочарую: в большинстве своем опытные начальники умеют не выказывать раздражения, если за недовольством не стоит реальной причины. Так что если дело не в полной его некомпетентности в вопросах управления, то уж подавно не в гороскопах. Лучше не принимать первое и поверхностное объяснение, а копнуть глубже.

Назойливое внимание

Микроменеджмент является одной из самых распространенных жалоб на своего начальника. Почему он все время лезет в ваши дела, просит держать его в курсе самых мелких событий и пытается давать указания, как что делать, часто расходящиеся с тем, как это делали бы вы? На самом деле все ситуации разные — вот как минимум четыре объяснения. Начальник может:

— пытаться внести изменения в стратегию, а для этого перехватывать у вас контроль над процессом;

— оказаться в области собственной некомпетентности и пытаться разобраться в предмете;

— не доверять лично вам — либо потому, что еще не имел возможности изучить ваш стиль работы, либо видит какие-то пробелы и хочет что-то изменить в вашем поведении;

— и наконец, просто не понимать, что вы воспринимаете его действия как микроменеджмент.

На вопрос, какое из предположений ближе к истине, можете ответить только вы, но задуматься над происходящим и принять определенные решения придется, потому что бороться с поведением начальника в каждом случае придется чуть по-разному. Давайте разберем эти четыре случая.

Обе руки на рулевом колесе

Порой начальник пытается *ввести достаточно серьезные изменения в стратегию вашего подразделения*. Значит, руководителю надо, чтобы вы начали делать что-то по-другому. Те, кто водит машину, знают: на прямой и ровной дороге можно руль держать послабее, да еще одной рукой к кружке кофе тянуться. Но если машину надо резко повернуть, то лучше взяться покрепче за руль двумя руками. Вот в роли такого руля вы и оказываетесь: руководитель пытается ухватиться за ситуацию более цепко, чтобы совершить поворот, получить контроль над тем, что и как делается в отделе. А вам, как, наверное, и рулю, это не очень нравится.

Лучшее, что вы можете в этой ситуации сделать, — это... помочь начальнику. Быть какое-то время тем самым послушным «рулем», потому что чем быстрее и эффективнее вы поможете осуществить «поворот», тем быстрее ослабнет контроль. Если вы подозреваете, что поворот ведет отнюдь не к лучшему, подумайте, какие объективные сигналы покажут, что наступило ухудшение. Будет ли это уменьшение прироста новых заказчиков в системе или рост количества жалоб на качество? Выждав некоторое время, аккуратно поделитесь с начальником этими данными вместе с предложением несколько изменить план. Тем не менее стоит помнить, что новый начальник поставлен во главе бизнеса и, по всей видимости, при необходимости имеет основания стратегию менять. В случае неудачи репутация руководителя пострадает, так что с любой точки зрения вам не стоит быть причиной, явной или мнимой, того, что предложенные им изменения не сработали.

Я неоднократно наблюдала сопротивление изменениям именно со стороны людей, которые должны были бы помочь начальнику их внедрить. С разных «смотровых площадок» — и как сторонний наблюдатель, и как человек, призванный заменить несправившегося, и в качестве начальника. Во всех случаях ситуация заканчивалась смещением или значительным замедлением по карьере того, кто был выбран на роль «рулевого колеса».

Однажды я получила на руки новый отдел, занимавшийся среди прочего привлечением новых заказчиков для одной из линий серверов. Через несколько дней выяснилось, что дивизион не выполнил план продаж за квартал, и мы стали анализировать причины. Оказалось, что маркетинговые программы систематически отставали от намеченных целей. Во-первых, они были недостаточно сфокусированы. У больших и малых серверов были разные заказчики и разные критерии покупки, но наши материалы не делали между ними различий. Во-вторых, набор тактик (то есть разовых маркетинговых акций, таких как почтовая рассылка или конференция) имел перекос в сторону общей информации о продуктах. Не хватало семинаров или телемаркетинга, позволяющих отобрать потенциально заинтересованных покупателей. Необходимо было очень быстро изменить материалы и перебалансировать кампанию.

И тут я столкнулась с жесточайшим сопротивлением, вплоть до саботажа и обмана, со стороны подчиняющейся мне руководительницы отдела маркетинговых программ. К сожалению, впоследствии я узнала, что одной из причин этого было ее желание занять мое место: она необоснованно считала себя кандидатом на мою должность и была очень расстроена, когда меня пригласили из другого дивизиона. Я старалась помочь, объяснить причины своих требований, предложить варианты. Но в конце концов жалею об одном — что слишком много времени дала ей, чтобы себя реабилитировать, искренне веря, что во второй или в третий раз у нее получится лучше. Когда я заменила руководителя отдела, мы за полтора месяца перепланировали работу и добились хороших, измеримых результатов. В этой ситуации я, по всей видимости, была трудным или, по крайней мере, неприятным начальником. Моя подчиненная могла добиться совсем другого результата для обеих из нас, если бы своевременно последовала моим требованиям и внесла изменения в свою работу.

Первый уровень некомпетентности

Одной из причин микроменджмента может быть то, что начальник оказался *в области, которую плохо знает*. Это вовсе не обязательно означает выполнение принципа Питера, гласящего, что в иерархической системе любой работник поднимается до уровня своей некомпетентности. Люди обучаемы и со временем осваивают новые дисциплины, хотя и необязательно продолжают после этого двигаться вверх в силу возраста, кадровой ситуации в организации или собственных карьерных приоритетов. Но так или иначе, перейдя на новую работу, многие из нас бывают незнакомы с некоторой ее частью. Например, тот, кто успешно занимался продажами и маркетингом программного обеспечения, став генеральным директором линии продуктов, вынужден еще и взаимодействовать с разработчиками, то есть руководить людьми более компетентными в некоторой дисциплине, чем он сам.

Если чувство неприязни основано исключительно на вашем преимуществе в знании предмета, то лучше пересмотреть собственное отношение к ситуации. Можно задать себе вопрос, почему он обогнал вас по карьере, или просто согласиться с тем, что умный и трудолюбивый человек тоже со временем освоит новую работу. Если вы заинтересованы сделать карьеру, а не брюзжать, то ваш лучший ход в этой ситуации — стать советником и помощником новому руководителю.

Человек, осознающий нехватку опыта в области, которой руководит, понимает, что надо учиться — отсюда попытка вашего нового начальника вникать в детали, о которых он вас спрашивает. При некотором отсутствии деликатности с его стороны это воспринимается подчиненными как микроменеджмент, попытка влезать в их дела и излишний контроль.

Я бы последовала рекомендации, которую дала Кати Блэк, глава корпорации «Херст», в своей книжке «Основы Блэк»*: обращайтесь с начальником как с маленьким пугливым зверьком. Никаких сюрпризов и неожиданностей — ни плохих, ни хороших, — он должен чувствовать, что контролирует ситуацию. Помогите руководителю хорошо выглядеть перед своим боссом — это поможет установить доверие и укрепить уверенность в себе. Найдите время и способ заранее рассказать о том, что собираетесь предпринять и почему, причем с глазу на глаз, чтобы руководитель не стеснялся задать слишком простой вопрос.

Не стесняйтесь предложить другой, четко обоснованный план действий. Но никогда не спорьте прилюдно, чтобы человек неопытный и, возможно, комплексующий по этому поводу не почувствовал в диспуте угрозы. Станьте тем экспертом, к которому обращаются в трудную минуту, зная, что вы на его или ее стороне.

---

* Cathy Black, «Basic Black: The Essential Guide for Getting Ahead at Work (and in Life».

Наконец, если вы все же получили указание действовать вопреки вашему профессиональному опыту, спросите себя, насколько будет велик возможный потенциальный ущерб. Если вы подведете компанию под нарушение закона Сарбейнз—Оксли, рискнете здоровьем людей или нарушите профессиональную этику — смело звоните в колокола, обращайтесь к юристам или вышестоящему начальству. Но если ущерб не столь драматичен, может быть, стоит вспомнить, что нельзя научиться новому, не совершив ошибок, и признать за начальником это право. Тем более что у навязанного вам решения могут быть причины, пока что невидимые и непонятные вам, например договоренность о компромиссе с другим отделом или грядущая покупка другой компании.

Договорившись о таком плане действий, даже неверном с вашей точки зрения, не машите кулаками после драки. У вас будет время отыграться или совершить свои ошибки, когда вы займете место руководителя. Боитесь, что плохой руководитель свалит свои ошибки на вас? Или что, если его отстранят от должности, вас заденет осколком раньше? Задокументируйте указания под видом вежливого письма, поделитесь вашими опасениями с возможным свидетелем — вашим ментором или представителем отдела кадров, но будьте предельно точны в деталях и логичны в рассуждениях.

Иногда жертвам микроменеджмента дают совет, сводящийся к поговорке «клин клином вышибают». Если начальник хочет быть в курсе всех ваших встреч, то приглашайте его на пять-шесть совещаний в день; если требует ставить его в курс дел по ключевой переписке по основным проектам — копируйте ему десяток сообщений в час. Ему придется читать все это в дополнение к своей основной работе, и интерес постепенно сократится и сойдет на нет.

Выход неплохой, но в нем есть одно скользкое место. Если вы переусердствуете, то создадите себе репутацию человека, неспособного отделить главное от второстепенного, без разбору загружающего почтовый ящик начальства, не умеющего выделить и компактно изложить основное. Так что «вышибать клин клином» следует с оглядкой, и только если вы абсолютно уверены, что микроменеджмент не вызван желанием что-то изменить непосредственно в вашей работе.

Я в таких случаях старалась скопировать только почтовые сообщения, обращенные к равным или стоящим выше своего начальника по званию и также наиболее важную переписку, а об остальных событиях сообщать в виде суммирующих записок. Со временем по количеству ответов и скорости реакции я чувствовала, что руководитель уже не читает их так внимательно, значит, можно постепенно уменьшить количество копируемых писем, а затем и просто вернуться к обычному режиму работы.

Представление о реальности — сама реальность

К сожалению, иногда бывает, что начальник *не доверяет лично вам* и считает, что без его советов вы не справляетесь с требованиями. Так что причина может крыться не в компетентности начальника, а в вас самих или, что в данном случае то же самое, в его представлении о вас. Соответствует ли его мнение реальности, на самом деле не так уж и важно. Потому что оценка вашей деятельности будет происходить именно в соответствии с мнением вашего начальника. Значит, ваша задача — научиться делать нечто лучше или, если на ваш взгляд, вы уже это делаете, производить соответствующее впечатление.

Лет пять-шесть назад я руководила отделом, которому приходилось координировать сертификацию продуктов всех линеек компании для малого и среднего бизнеса. Ряд решений принимался советом руководителей из разных продуктовых подразделений. У каждого была своя специфика и расписание запусков, так что поиск варианта, устраивавшего всех, требовал определенной деликатности и компромиссов. (В английском языке для такого занятия есть прекрасная поговорка — «сгонять котов в стадо». Всякий, кто пытался одного-единственного наглого кота научить не залезать на обеденный стол, поймет, как это сложно.) Моя начальница настаивала, чтобы мы обсуждали любое самое мелкое решение заранее с каждой продуктовой группой, чтобы на совете не случалось неожиданностей. Я же пришла из другой области, где большинство решений по работе своего отдела принимала сама или координировала их с небольшой группой. Лоббирование и управление таким политически сложным процессом были мне чужды. Прошло немало запусков, прежде чем я прочувствовала, что именно моя начальница понимала под учетом интересов и зачем нужны многочисленные согласования. Я попробовала вести дела по-другому, от чего в конечном счете выиграла больше, чем просто расположение начальства: впоследствии именно умение вести подобные проекты помогло мне в карьере.

Начальник может быть вами недоволен по множеству разных причин — тут, как несчастливые семьи у Толстого, каждый несчастен по-своему. Особенно тяжело приходится тем, чьи недостатки в работе входят в контррезонанс с завышенными или нестандартными требованиями руководителя. Подчиненному-пофигисту очень трудно работать у перфекциониста. Как-то я попала к начальнице, заставлявшей нас порциями вносить мелкие изменения в презентации для аналитиков, так что мы заключали споры: дойдем ли до версии номер сорок два? По большому счету она была права в постановке цели: расхождения в ценах, описаниях или датах выхода продуктов на рынок, выскакивавшие в таких документах, били по нашей репутации. Однако организовать проверки можно было так, чтобы вносить больше изменений каждый раз, обходясь меньшим количеством итераций. Возможно, моя неаккуратность не была столь критичной, сколь это представлялось моей перфекционистке-начальнице. Но в данном случае важна не объективная оценка, а ее представление — именно оно влияло на ее оценку моей работы. Впрочем, опыт пошел мне на пользу: я стала внимательнее вычитывать материал с первого раза, а главное, помня свои ощущения, подробно объяснять подчиненным, что мне нужно при обсуждении самой первой версии документа, не допуская более трех-четырех редакций.

Свет мой, зеркальце, скажи…

Иногда начальник занимается микроменеджментом просто *по незнанию*.

Многие крупные компании не случайно вводят регулярные анонимные опросы подчиненных о качестве работы их начальника. Прежде всего потому, что ему часто трудно представить, как его действия выглядят и воспринимаются со стороны, да еще и через призму отношений подчинения. Например, руководитель просто забыл, как правильно произносится сложная фамилия, когда благодарил команду. А забытый подчиненный уже делает далеко идущие выводы о том, что его недолюбливают.

Лучший способ дать начальникам понять, какими их видят подчиненные, — это дать им «посмотреться в зеркало» анонимного опроса, но, к сожалению, не во всех компаниях введена подобная практика. Поэтому многие начальники просто не знают, что их действия воспринимаются как микроменеджмент.

Когда я в первый раз стала руководителем второго уровня, то есть все мои подчиненные, в свою очередь, руководили людьми, кто-то из них написал мне в таком опросе, что ему неприятно получать отрицательный отзыв о работе в присутствии своих подчиненных. Он был абсолютно прав. Один из лучших советов в области управления людьми — это «благодарить прилюдно, ругать с глазу на глаз». К сожалению, я этот совет получила слишком поздно. Прочитав отзывы и попереживав, я собрала свою команду, поблагодарила их за отзывы, не цитируя положительных, но озвучив приведенный выше, и пообещала стараться. Как оказалось, для многих сам факт такого признания недостатка был большим откровением, вызывающим доверие и желание прощать огрехи. Я стала очень тщательно за этим следить, и когда приходилось высказать негативный отзыв, делала это один на один. И мне было очень приятно, когда мои рейтинги в опросах подскочили вверх, а анонимные комментарии стали радовать.

Трудный сотрудник

Возможно, «плохое зрение носорога» опять становится проблемой окружающих или же вы являетесь трудным сотрудником, и начальнику не удается донести до вас, что вы делаете не так.

Спросите себя: легко ли ему с вами работать? Конечно, никто не обещал, что будет просто, но и вам никто не обещал, что вы далеко шагнете по карьерной лестнице. А от вашего начальника немало зависит, чтобы помочь этому или помешать.

Например, я часто сталкивалась — прямо или по рассказам коллег — с ситуацией подчиненного, который преувеличивает свои заслуги и требует чрезмерно много времени и усилий со стороны руководителя, встречает в штыки изменения или постоянно на все жалуется. Это «съедает» очень много нервов — начальники тоже люди, совсем не получающие удовольствия от работы психологами и необходимости кого-то утешать.

У меня был подчиненный В., работавший неплохо, но не хватавший с неба звезд. Незадолго до моего прихода он окончил престижную бизнес-школу и, как многие новоиспеченные MBA, ожидал повышения по карьере. Повышение же просто за диплом не дают — его надо заслужить выдающимися результатами, а их, в сравнении с другими сотрудниками того же уровня, я, к сожалению, не видела.

Первый разговор о карьере я провела с В. по своей инициативе — объяснила мотивы для повышения, обсудила, какие

проекты помогут ему продемонстрировать нужные качества и результаты. Первый блин вышел комом, зато второй
проект после пары фальстартов завершился успешно. В. тут
же стал спрашивать о повышении, но мне хотелось увидеть
ровную производительность, а не одну успешную неделю
после трех проблемных. Расстались мы через полгода, так
и не добившись стабильности результатов. Стоило ему сделать что-то правильно, он опять заводил разговор о том, что
кого-то повысили, пусть и за очевидные достижения, а он
все на той же должности. В конце концов В. решил перейти
в другой отдел в надежде на более скорое повышение, так
и не случившееся до сих пор, годы спустя. Я не возражала
против перехода: затраты моего времени на руководство В.
были несоизмеримы с его вкладом. На освободившееся место я наняла человека, закрывавшего сделку за сделкой, и за
время совместной работы дважды его повысила.

Трудными бывают и люди, спорящие по поводу каждого нового проекта, особенно если он выходит за рамки их
повседневной работы. К сожалению, как ни распределяй
направления деятельности внутри отдела, всегда найдутся
программы, не вписывающиеся в оговоренные категории,
например, связанные с новым направлением бизнеса или
экстренным перераспределением загрузки. Подчиненный,
постоянно жалующийся, что это не входит в его обязанности, или просто считающий каждую лишнюю просьбу
поводом поплакаться в жилетку о несовершенстве организации дел в компании, вряд ли может рассчитывать на бла-
годарное отношение начальника.

Куда более эффективным ответом на непомерно возрос-
шую нагрузку бывает предложение отодвинуть сроки сдачи
определенных работ с обоснованием, почему надо отдать
приоритет другому проекту. Или предложение что-то делать по-другому, например перейти летом на менее частое
обновление информации на веб-сайте.

Недостаток внимания

Наравне с чрезмерной вовлеченностью руководителя в работу подчиненного не реже встречается и противоположная проблема — отсутствие интереса.

Тем, кто не является от природы самостоятельным в постановке целей и мотивации — в англоязычной литературе обычно используется термин self-starter, — к сожалению, трудно сделать успешную карьеру в современной корпорации. Это гораздо более серьезная проблема на пути продвижения вверх, чем конфликт с начальником. Если вы не умеете поставить значимые цели, организовать собственную работу и процесс взаимодействия с окружающими, определить и запустить новые инициативы, подхватить и развить идеи, то вы вряд ли сможете сделать это для других. А значит, вас вряд ли выберут на руководящую позицию следующего уровня из-за сомнения в вашей способности к лидерству. Однако недостаток внимания и помощи со стороны начальника может возникнуть и у очень хороших, перспективных специалистов — обычно либо на ранних этапах карьеры, либо в новой организации, когда человек еще не очень представляет себе ее требования, цели и культуру.

Более того, даже для опытного сотрудника отсутствие интереса руководителя к его работе всегда опасно. Следующее повышение или интересный проект чаще достаются другим. Результаты годовых оценок непредсказуемы, а часто и несправедливы из-за отсутствия у начальника информации о достижениях подчиненного. И к тому же научиться чему-то новому в отсутствие контакта с руководителем непросто.

Первым делом, как всегда, ответьте на вопрос о причинах. У любого руководителя всегда есть несколько первоочередных проектов и немалое количество менее важных. Возможно, вы попали на один из них. Как правило, наиболее ценных и опытных подчиненных ставят на наиболее важные проекты, но возможны и исключения — исторически или в силу отсутствия у вас определенного опыта и навыков.

По всей видимости, отсутствие внимания означает, что вас поставили на менее важный проект. Почему это произошло и есть ли у вас шансы перейти на проект более важный для вашего руководителя? Если это так, то имеет смысл поговорить с вашим начальником о вашем желании. Что, с его точки зрения, вы должны продемонстрировать, чему научиться, в состоянии ли он помочь вам, например, подключив вас к другому проекту в качестве помощника? Рано или поздно коллега с более важного проекта поменяет работу, место освободится, а ваш руководитель, зная о вашем интересе, будет внимательнее к вам присматриваться.

Однако может так случиться, что подобного шанса не представляется потому, что начальник руководит несколькими разными отделами, требующими разных навыков, например продаж и маркетинга. Предположим, основное его внимание сосредоточено на продажах, что часто случается в бизнесе, ориентированном на малое количество крупных клиентов. Если вы директор маркетинга, перейти на проект продаж вам, скорее всего, не удастся, но можно поискать руководителя, который сможет профессионально оценить ваши достижения. Например, это может быть CMO дивизиона или компании либо главы отделов продаж в странах, которым вы поставляете обучающие материалы. От кого, кроме непосредственного начальника, зависит ваше повышение на следующую ступеньку, в какой области находится эта ступенька? Найдя таких людей, согласуйте с ними цели и держите их в курсе ваших результатов. Тем более что и непосредственному начальнику будет приятно услышать от CMO, что его отдел внедрил инновационный проект, положивший основу нового подхода во всем дивизионе.

Когда я руководила бизнесом в области Linux, он затрагивал фактически все дивизионы. По ряду исторических причин моя линия непосредственного подчинения шла через одну из продуктовых линеек. Начальник всегда был рад поддержать меня советом или обсудить дилемму, но его первоочередные задачи лежали в области маркетинга его продуктов. К тому же он считал, что я прекрасно справляюсь самостоятельно, а потому беседовали мы редко. Однако более высокое руководство оказалось очень заинтересовано в достижении успехов по ряду показателей, так что я старалась регулярно держать их в курсе изменений на рынке и состоянии бизнеса. Поставив себя на их место, я задалась вопросом: какие результаты их обрадуют, а какие не произведут особого впечатления? На удивление, этот список не всегда прямо соотносился со сложностью в получении результата. То, что мой начальник предоставил мне свободу действий, обернулось огромным благом: я могла сама выбирать цели, проводить встречи с высшим руководством по ряду стратегических вопросов. Это позволило мне не просто познакомиться с главами дивизионов, но и поучаствовать в дебатах, результаты которых влияют на ход индустрии и редко выпадают на долю директора.

Другой подход состоит в том, чтобы лучше привязать свои цели к целям начальника, тем самым повысив в его глазах важность своего проекта. Если ваш начальник больше всего озабочен падением прибыльности продукта, а вы занимаетесь очень интересной технологией, на прибыль не влияющей, то придется сделать выбор. Либо вы продолжаете ею заниматься, смирившись с отсутствием внимания начальника, либо перейдете на менее инновационный, но дающий реальную прибыльность проект.

Моей первой работой в штаб-квартире было руководство операциями дивизиона AS/400 (одной из линеек серверов IBM) на развивающихся рынках. Начальник меня поддерживал, но общались мы редко: он и нанял меня, чтобы не заниматься рынками, отнимающими много времени, но мало влияющими на общую выручку. Я оказалась новичком в штаб-квартире, не очень хорошо понимала, как вписаться в рабочий процесс, получить ресурсы и организовать работу. Но мне удалось найти несколько проектов, вызвавших интерес у смежных отделов и их руководителей.

Моим главным партнером в этой работе стал Д. Б., бывший лейтенант по борьбе с наркотиками полиции Нью-Йорка, продававший наши решения для органов охраны правопорядка (поддержка дактилоскопии, доступ к базе регистрации оружия из патрульной машины, регистрация преступников). Во всем мире полицейские больше всего доверяют полицейским. Я в этом убедилась во время международного семинара по системам безопасности в Мексике, когда нас повели на экскурсию в новое здание местного участка. Ко мне подошел милиционер из российской группы и спросил:

— Почему коридор выкрашен белой краской? По нему водят задержанных из камеры предварительного заключения на допросы, а ведь с белых стен кровь не смывается.

Переводчица побоялась переводить вопрос на испанский местным полицейским. Пришлось надавить на местного коллегу, отвечавшего за продажи компьютерных систем полицейскому отделению, и тот с огромными извинениями перевел вопрос одному из своих заказчиков.

— Конечно, — ответил мексиканский полицейский, — на самом деле мы заключенных по параллельному коридору водим, там в горчичный цвет стены выкрашены. Этот коридор для официальных гостей, таких как вы.

Весь остаток экскурсии американский и мексиканский полицейский не расставались с русским милиционером, беседуя на смеси трех языков и жестов.

В середине 1990-х годов среди американских аналитиков бытовала точка зрения, что развитие новых рынков начнется с малого бизнеса. Наиболее активные слои населения станут открывать свои фирмы, расти, платить налоги, постепенно создавая базу для обновления инфраструктуры. Но я, будучи знакома с реалиями постсоветского пространства, считала, что финансирование на информационную инфраструктуру прежде всего пойдет в управления внутренних дел, налоговые инспекции и банки. Отсюда — акцент на решения для полиции и партнерство с Д. Б. Он помог собрать пакет приложений, применимых на развивающихся рынках, — с более низкими ценами и возможностями несколько ниже американских, так как уровни инфраструктуры, доступа к данным и даже законодательной базы в моей группе стран были ниже. Я помогала устанавливать первоначальные контакты с заказчиками и партнерами на местных рынках, а также в случае необходимости вела переговоры внутри компании. Наше партнерство вылилось в десяток успешных проектов по всему миру, а главное, привлекло немало других начальников внутри IBM к работе с развивающимися рынками. В частности, благодаря одному из них я получила новую временную работу, когда истек мой не подлежавший продлению контракт.

Мой непосредственный начальник гораздо больше заинтересовался моей работой, когда ее стали хвалить руководители других отделов, стал давать советы, в частности, именно у него я научилась составлять обоснования финансирования новых проектов.

Наконец, никогда не исключена возможность, что дело совсем не в вас и не в ваших проектах. Если все указывает именно на этот вариант, возникает вопрос, следует ли вам оставаться на этой работе. Решение зависит от того, продолжаете ли вы на ней учиться чему-то новому и приобретать важные навыки для своего резюме. Очень часто ответ будет положительным: взрослые люди учатся не только у непосредственных руководителей. Они осваивают новые навыки в процессе работы, осуществляя более сложные проекты и находя советчиков и учителей вне прямой линии подчинения. Более того, чем выше ступень карьерной лестницы, тем меньше проектов осуществляется исключительно внутри одной вертикали подчинения и тем больше зависит от успешного сотрудничества с коллегами из других отделов. Так что если вы продолжаете расти, сосредоточьтесь на тех, кто будет принимать решения о вашем повышении, — коллегах и руководителях вашего начальника — и держите их в курсе ваших достижений и успехов.

Очень часто от безразличных руководителей страдают те, кто недавно пришел в новую компанию и либо еще не научился организовывать работу, либо не совсем понимает, как ее самостоятельно делать именно на новом месте. Это более характерно для ранних фаз карьеры — чем выше по карьерной лестнице, тем большей самостоятельности от вас ожидают. Ставя для себя задачи, надо посмотреть на свою работу глазами вашего руководства — что бы вы сделали на месте своего начальника, какие основные показатели успеха наметили? Стоит также подумать, кого надо привлечь к сотрудничеству; как ваш проект повлияет на работу других подразделений и партнеров; как ваша повседневная работа вписывается в общий рабочий процесс — например, кому вы предоставляете данные или планы, и кто — вам?

Для того чтобы определиться с целями и критериями, лучше всего побеседовать с вашим непосредственным начальником, но будьте готовы к вопросу «А вы как думаете?». Чтобы прийти на такую встречу подготовленным, стоит поговорить с большим количеством людей и выяснить, как ведутся и измеряются похожие проекты, кто и почему считается успешным, что принесло результаты, а что нет. Иногда результаты деятельности измеряются легко: код должен работать, план продаж — выполняться, но в других случаях, как, например, маркетинг, стратегия, обучение, это может быть предметом долгой беседы.

Когда вы поймете цели и свое место в цепочке сдачи-получения информации, вам будет проще определиться, с чего начать. Составив план, имеет смысл снова встретиться с теми, кто давал вам советы. Как правило, люди, чья работа как-то связана с вашей, оценят такой подход положительно, особенно если вы придете обсудить, как вы можете помочь друг другу.

Провести время с пользой

Поняв истоки поведения начальника и, часто, признав, что вам действительно надо что-то улучшить в своей работе, вы только выиграете. Появится ощущение рациональности происходящего и понимание плана действий.

Куда труднее, если вам не удается найти рационального объяснения. Например, если человек не понимает, как его поведение влияет на других, если откровенно груб, некомпетентен или не доверяет вам без видимых причин. Всегда есть вероятность, что вы окажетесь в ситуации, справиться с которой не сможете. Вполне возможно, начальник ваш недалеко уйдет по карьере, но на данный момент вам от этого не легче.

В такой ситуации, если вы все-таки решили проявить твердость духа и вытерпеть определенное время, не меняя работы, лучшее, на мой субъективный взгляд, — извлечь максимальную пользу, научившись чему-то новому. Скорее всего, есть нечто такое, что ваш начальник умеет делать лучше вас, — остается ответить на вопрос, что именно. Четко излагать свои мысли? Просчитывать стратегию на рынке на несколько шагов вперед? Хорошо строить отношения с другими отделами или собственным начальством? Если вы совсем не можете ответить на этот вопрос, я бы насторожилась. Как бы вы ни были хороши, всем нам есть чему поучиться. И как бы ни была плоха ваша руководительница, что-то в своей жизни она сделала правильно, раз оказалась на этом месте.

Мне часто говорят, что я неплохо структурирую и логически излагаю материал. Немалую роль в этом сыграл один из самых трудных начальников, которым мне когда-либо приходилось подчиняться. Он мог позвонить мне на мобильный телефон и высказать свое отношение к проекту при помощи нецензурной лексики, его критика была категорична, и даже если речь шла о единичном поступке, начиналась она со слов «всегда» или «никогда»: «Всегда ты делаешь это безобразно». Работая у этого человека, я считала дни до возможности перейти на другую должность. Но при этом он обладал одним из самых высоких IQ и мог просчитать, что произойдет с рынком, как хороший шахматист — партию, на десяток ходов вперед, логически обосновывая свои выводы. Он одинаково хорошо владел языком техники и бизнеса, умел создавать и подавать новости так, что о них потом неделю писала пресса. И всему этому я старательно у него училась. Постепенно я стала формулировать свои идеи так, чтобы это не вызывало у него раздражения. (У умного и занятого человека плохо изложенные или необоснованные идеи всегда вызывают раздражение, просто у некоторых хватает терпения этого не показывать.) И вдруг оказалось, что «хорошо» по его стандартам — это «отлично» по среднестатистическим.

Одним из самых тяжелых моментов в отношениях с «носорогом» является ежегодное обсуждение результатов работы. Вполне возможно, что вы услышите критику, которая окажется, на ваш взгляд, откровенно несправедливой. Естественная человеческая реакция — начать оправдываться или спорить в ответ. К сожалению, это лишь запускает цепную реакцию: подчиненный не хочет даже понять собственных ошибок, необъективен к своим достижениям и не желает работать над улучшениями.

Самая разумная тактика — это спокойно уточнить детали. Попросите несколько минут, если вам надо выйти, чтобы справиться с эмоциями, не угрожайте уходом сразу — вы можете подать заявление и на следующий день, если решите это сделать после того, как улягутся эмоции. Начните с того, чтобы понять, какие именно примеры вашего поведения послужили толчком к низкой оценке. Если у вас есть возможность привести неоспоримые факты и опротестовать оценку, имеет смысл это сделать, однако в большинстве случаев такой шаг малоперспективен — начальник подыщет другие примеры и аргументы. Лучше попытаться найти в его позиции рациональное зерно и задуматься о том, как вы можете использовать критику, пусть и несоразмерную, для улучшения своей работы в будущем. Поблагодарите, попросите совета, как лучше освоить необходимые навыки, — вы всегда сможете подумать на досуге, хотите ли оставаться под руководством этого человека и при необходимости немедленно начать искать новую работу. Тем не менее вам стоит продемонстрировать, что вы серьезно отнеслись к его пожеланиям, даже если это продлится лишь до момента нахождения следующей позиции. Если вы абсолютно уверены, что критика несправедлива, и решите уйти — лучше это сделать на холодную голову и на своих условиях, расставшись в хороших отношениях, так как неизвестно, где и когда ваше знакомство с ним сыграет свою роль.

Если вы столкнулись с явной и прямой грубостью, лучше всего найти способ дать об этом знать отделу кадров или хотя бы вашему ментору. Беда в том, что во многих случаях восприятие грубости субъективно, так что лучше если и делать это, то обдуманно и в аккуратной форме. Ваш ментор обязательно должен быть в курсе проблемы. Если он работает там же, то, возможно, найдет способ повлиять на ситуацию, не поставив вас под удар. Например, он может поговорить с начальником начальника и попросить присмотреться к поведению вашего руководителя, не называя источник жалобы, или поинтересоваться у специалиста по кадрам, не было ли прежде похожих ситуаций.

И конечно, не стоит ни на минуту забывать о своих знакомствах в компании и в индустрии — чем хуже ваш нынешний начальник, тем больше стоит уделять внимания расширению сети. Она может потребоваться в любой момент, и ее поздно строить, когда вы уже ищете другое место.

Кроме того, следует больше участвовать в проектах, которые ведут другие руководители, чтобы они могли оценить вас в действии, а не только со слов вашего начальника. Это окажется полезным и при оценке работы за год, и при поиске следующей позиции.

Безусловно, всегда можно решить, что вам все эти страдания не нужны, и уйти, как Колобок от бабушки с дедушкой, и от нынешнего начальника, и от следующего. Вот только в то время, как такой «колобок» будет бегать, найдутся его коллеги, научившиеся работать с трудными начальниками и идущие вверх по лестнице. Как вы думаете, кто достигнет цели раньше?

Глава 11

«Бархатные перчатки» и проблемы дальнейшего роста

You can't stop the waves but you can learn to surf[*].

Джон Кабат-Зинг

По дороге из стран бывшего СССР в Западную Европу поезда останавливаются на границе, чтобы поменять колеса: ширина рельсов со времен царской России отличается от европейского стандарта. Как состав не дойдет до пункта назначения без смены колес, так и многие карьеры не достигнут победного финала без периодической настройки стиля управления. В англоязычной литературе можно встретить термин derailment, дословно означающий именно «схождение с рельсов». Обычно его используют в контексте описания факторов, отрицательно влияющих на развитие карьеры на более поздних этапах. Речь пойдет не об экстремальных нарушениях правил биржевой торговли или деловой этики, а о гораздо менее драматичных, но частых ситуациях, когда «восходящая звезда» просто не получает следующего повышения. Человек остается в начальниках первого уровня или в директорах, хотя мог достичь более

---

[*] Нельзя остановить волны, но можно научиться серфингу.

высокой должности. И виной тому не отсутствие предметных знаний «академического» типа, а манера поведения в определенных ситуациях, качества характера и неумение изменить собственный управленческий стиль.

Иногда эти факторы становятся заметными на ранних фазах карьеры, но в то время их влияние не так критично, однако может стать проблемой позже. Например, неумение строить отношения с коллегами или привычка нарушать доверие, пересылая, например, конфиденциальную (с точки зрения личных дискуссий, а не секретов компании) переписку начальнику, часто не мешают продвинуться на пару уровней. Тем не менее раньше или позже, в зависимости от культуры организации, эти огрехи стиля станут барьером для следующего повышения. Проблемы в управлении начнут сильнее сказываться на результатах, например, многие сильные игроки не захотят работать под началом человека, не умеющего хранить секреты или срывающегося на коллег.

Особо стоит поговорить о качествах, помогающих стать лидером на ранних стадиях карьеры, но теряющих свою актуальность и даже мешающих по мере продвижения. Например, обратной стороной высокой технической компетентности может стать неумение слушать других или нежелание концентрироваться на менее интересных областях работы, таких как стратегическое и бюджетное планирование. А амбициозность, желание добиться поставленных перед вами целей, выгодно выделявшие вас среди молодых специалистов, могут сделать вас плохим партнером для других руководителей, когда дело дойдет до совместной работы. Нам свойственно прибегать к проверенным средствам, к тому, что хорошо помогало раньше. Но иногда мы не замечаем, что ситуация радикально изменилась и пора «менять колеса»: несколько по-другому расставлять акценты, реже пользоваться испытанными методами и осваивать новые. Каждый раз, когда вы выходите на следующий уровень, требования меняются, и не все осваивают науку настройки стиля поведения вместе с переходом.

Расскажу о ряде факторов, вызывающих «схождение с рельсов», на примере личных наблюдений.

Неумение пережить ошибку

Знакомая, работающая с психически больными, описала как-то интересного пациента. Во время войны во Вьетнаме он служил летчиком и по ошибке посадил самолет в аэропорту противника — последовали плен, пытки, увечья, освобождение и возвращение домой. И вот сорок лет спустя все, о чем мог говорить старик, — это о той своей глупой ошибке, он сводил к ней любой разговор.

Есть люди, ломающиеся после первой неудачи, даже не столь драматичной, как попадание в плен по собственной вине. Плохо пошедший на рынке продукт, разработанный под их руководством, или расстроившаяся сделка по покупке компании могут стать причиной, которая навсегда поставит крест на возможности идти дальше. Нередко такие люди заводятся с пол-оборота, стоит лишь упомянуть больную тему.

Тем не менее нужно помнить, что если вы совсем не совершаете ошибок, если вам всегда везет и все получается с первого раза, значит, вы не очень рискуете, упускаете возможность выйти за пределы своей зоны комфорта. В самом факте совершения ошибки нет ничего страшного, если она не фатальна. Главное — снова встать на ноги, сделать выводы, признать, что вы что-то сделали не так, выучить урок на будущее и заставить себя идти дальше.

Очень хороший совет о том, как правильно пройти через ошибку, дал мне коллега по индустрии, работавший над ребрендингом Марты Стюарт* после ее тюремного заключения, — мы вместе выступали на «круглом столе» в Колумбийском университете.

— Когда знаменитость попадает в беду по собственной вине, — сказал он, — то любой, даже начинающий сотрудник отдела связей с общественностью скажет, что надо сделать три вещи: замолчать, прекратить публичные выступления и как можно скорее отправиться отбывать наказание.

Смысл этого совета заключается в том, чтобы, во-первых, не подливать масла в огонь: чем меньше обсуждают произошедшее, тем быстрее оно забудется. Во-вторых, дать понять коллегам, руководителю и всем вовлеченным сторонам, что вы поняли и признали свою вину. Никому не приятно работать с человеком, не видящим бревна в собственном глазу, да и какой смысл продолжать говорить об ошибке, если вы ее открыто признали? В-третьих, чем быстрее вы отбудете наказание, тем скорее вернетесь победителем и восстановите утраченное доверие. В данном случае вместо наказания как такового речь пойдет о том, чтобы переделать работу, по-новому сделать другой проект или, будучи вынужденным уйти на менее престижную работу, показать результаты там.

Я также всегда советую людям, признавшим, что они совершили ошибку и решили работать над ней, «подать сигнал». Например, человек повел себя грубо, не посчитался с коллегами, понял, что был неправ, и теперь собирается изменить линию поведения. Если это произошло в результате беседы с начальником или работником отдела кадров, дайте им знать, что вы «начинаете новую жизнь с понедельника» — пошлите сообщение или позвоните и поблагодарите за совет. Это тяжело, потому что оставляет синяки на самой

---

* Ведущая популярного в США телешоу для домохозяек, издатель журнала Martha Stewart Living («Стиль жизни от Марты Стюарт»), приговоренная в 2007 году к тюремному заключению за финансовые махинации.

нежной части тела — нашем эго. Тем не менее такой шаг четко обозначит временную границу. Вы также дадите коллегам знать, что оценили их совет и работаете над улучшениями. В результате они подсознательно будут искать в вашем поведении знаки изменения к лучшему, а не подтверждение нелестного мнения, которое о вас сложилось раньше.

Однажды я работала под руководством С., который бывал столь несдержан в словах под воздействием стресса, что я всерьез подумывала о смене работы. Видимо, чаша терпения переполнилась у многих, потому что однажды мне позвонил сотрудник отдела кадров, пожелавший расспросить о стиле поведения начальника: на него стали поступать жалобы. Через некоторое время С. собрал команду, включая подчиненных всех уровней (он руководил несколькими десятками человек), и сказал, что хотел бы принести нам извинения и поблагодарить за терпение. Он работает над более спокойным стилем поведения, стал заниматься различными техниками управления стрессом и, главное, просит дать ему знать, если мы не заметим улучшений. Такой шаг требует мужества и выдержки. Хорошо помню свою реакцию на его слова: я подумала, что готова если не полностью простить произошедшее, то, по крайней мере, начать нашу совместную работу с чистого листа. Стоит отдать С. должное — я никогда больше не слышала из его уст неподобающей лексики, он научился слушать других и, даже если не сразу и не до конца, во многом улучшил свой стиль общения с подчиненными.

Неизменный стиль поведения

Стиль управления сильно зависит от ситуации: опытности подчиненных, требований руководителя, положения в бизнесе. Например, более опытная команда будет работать лучше в ситуации большей свободы, молодые и новые сотрудники могут требовать большего внимания и обучения в процессе, а кризисная ситуация заставляет предпринимать более решительные действия. Во время атаки приказы не обсуждают, но вряд ли кому-то захочется работать в отделе, постоянно живущем по армейским законам.

Но не все умеют менять стиль общения и руководства по ситуации. Бывает, что человек вникал во все детали и давал четкие указания по любому поводу, когда руководил сотрудниками с малым опытом. Он добился успехов, получил повышение и по привычке пытается перенести такой же стиль работы на новую группу. Только она сильно отличается от предыдущей составом, опытом, знает область работы лучше него самого и видит в его действиях проявления микроменеджмента. Если такой начальник быстро не поймет свои ошибки и не подправит стиль своего поведения, он вряд ли сможет многого добиться. Наоборот, он начнет терять людей, испортит себе репутацию и, скорее всего, не получит много интересных идей и предложений от тех, кто мог бы ему помочь.

Перфекционизм

Когда речь идет о сотрудниках, непосредственно выполняющих работу, — тех, кто пишет код, маркетинговые материалы или относительно простые финансовые модели, — высокая планка качества становится синонимом профессионализма. Неудивительно, что перфекционисты оказываются в первых строках списков на повышение. Более того, они получают немало похвал за качество своей работы и внимание к деталям, а значит, стараются и дальше соответствовать своему собственному высокому стандарту. К сожалению, перфекционизм всегда имеет обратную сторону: внимание к мелким деталям требует больше времени и часто отвлекает от общей картины в целом. А значит, возникает целый ряд факторов, которые со временем могут замедлить продвижение вверх.

По мере продвижения по карьерной лестнице умение видеть ситуацию во всей ее полноте, например предвидеть последствия проведения организационных изменений, становится все более необходимым. В свою очередь, отсутствие внимания к деталям может сделать рост до этих этажей долгим и болезненным. Глобальность мышления и внимание к деталям редко ходят вместе — каждый из нас занимает некоторую позицию на континууме «детальность»—«целостность». Тест Майерс-Бриггс позволяет определить местонахождение человека по его пристрастиям на четырех осях: «интроверт» — «экстраверт», «внимание к картине в целом» — «внимание к деталям», мыслитель (логически-рациональное принятие решений) — чувствующий (сильная эмоциональная составляющая), планирование — спонтанность. Большинство из нас оказывается где-то между двумя крайностями, хотя и с четко выраженными предпочтениями. По американской статистике, около 75 процентов людей больше предрасположены видеть детали, чем картину в целом. Говорят, у оставшихся 25 процентов, предпочитающих идти от общего к частному, есть хорошие шансы стать лидерами, если они не сойдут с ума раньше.

Но вернемся к тому, как перфекционизм начинает становиться препятствием к продвижению после ряда успешных этапов карьеры.

1. *Малая пропускная способность, или постоянное состояние переработки и стресса,* своего или чужого. Человек, привыкший выверять мелочи — напрямую в своей работе или через подчиненных, эту работу выполняющих, — тратит больше времени. А значит, либо успевает меньше, либо делает все, но ценой больших временных затрат. Справляться с собственным

стрессом от переработки еще можно научиться, а вот поддерживать энтузиазм подчиненных сложно.

2. *Низкая эффективность коммуникаций.* По мере продвижения вверх по карьерной лестнице вам придется чаще общаться с руководством более высокого уровня. Это, в свою очередь, оказывает большое влияние на то, как вы аргументируете и преподносите свои идеи: краткость и четкость изложения становятся ключевыми факторами. Вашим собеседникам приходится принимать очень большое количество решений, поэтому они, прежде всего, смотрят на ключевые моменты проекта и отметают лишнее. Например, если план покупки компании не соответствует поставленным критериям прибыльности и не имеет стратегического значения, ради которого эти критерии можно пересмотреть, то и не стоит тратить время на обсуждение схемы интеграции. Надо излагать материал кратко, ограничиваясь ключевыми моментами, и быть готовым перейти к более мелким деталям, только если в них возникнет интерес. Следовательно, ценится умение вычленить все главное и основное, свести тридцать страниц к трем абзацам. Для многих специалистов, ориентированных на детали, это представляет сложность и, как я не раз наблюдала, служит серьезным препятствием в продвижении.

3. *Отсутствие видения картины в целом.* Решения о крупных стратегических шагах — запуске новой продуктовой линейки или покупке конкурента — всегда сопряжены с тысячью мелких препятствий. Не увидев крупной цели и не прочертив направления движения, осуществить такие проекты очень сложно, разговор будет вязнуть в деталях и мелочах. Неумение абстрагироваться и концентрироваться на картине в целом

часто мешает достижению успеха. Оно нередко является оборотной стороной привычки постоянно выверять детали.

Универсальных рецептов того, как можно избавиться от перфекционизма и научиться выделять главное, нет, но непосредственно мне очень помог процесс получения MBA. Во-первых, он воспитал совсем другой взгляд на бизнес — с позиции верхнего руководства компании, с соответствующей расстановкой приоритетов. Во-вторых, он элементарно не оставлял времени на перфекционизм, так что понятие «достаточно хорошо», ранее в моей жизни не существовавшее, вошло в нее, открыв дверь плечом, и обосновалось надолго. Я прекрасно помню момент, когда оставалось полчаса до сдачи двух материалов — домашней работы по стратегии профессору и презентации плана запуска продуктов вице-президенту дивизиона. Вопрос выбора «что сдавать, а что не сдавать» не стоял, любая несдача была чревата последствиями — вопрос был только в том, как по минимуму сделать и то и другое, чтобы уложиться до даты сдачи. Тут уже не до красивых элементов дизайна и детально выверенных комментариев. Удивительно, но оба материала не вызвали нареканий, заставив меня задуматься, стоит ли тратить время на дополнительные виньетки? Иногда, поставив себя в рамки временного прессинга, можно понять, где тот минимальный уровень «проходимости» материала. Для перфекциониста этот уровень может оказаться большим сюрпризом, но понимание того, сколько времени удастся сэкономить в дальнейшем, скрасит жизнь.

Боязнь делегировать

Боязнь доверить важную работу подчиненному тоже уходит корнями в перфекционизм, привычку нести полную ответственность за качество и придерживаться высоких стандартов. Однако если вы моете посуду лучше всех в доме и поэтому никому не доверяете подойти к раковине, то вы так и будете лучше всех мыть посуду: другие этому не научатся и вас не разгрузят. К сожалению, то же самое применимо к рабочим проектам. Единственный способ освободить свое время для более важных, стратегических дел — это передать часть работы подчиненным. Конечно, можно передавать не проекты, а отдельные задания, но, во-первых, эффективность такой передачи мала, вы по-прежнему будете тратить на эту работу свое время, а во-вторых, ваши подчиненные не научатся делать подобные проекты самостоятельно. В итоге и вы время не высвободите, и они не получат возможность вырасти — ваше сотрудничество окажется невыгодным.

Начальник, который много и эффективно делегирует, напоминает хорошего тренера: его команда становится все сильнее и сыграннее, он может передавать ей все более сложные инициативы, а значит, решать все более сложные задачи. К сожалению, процесс обучения включает в себя неизбежные ошибки и их исправление. Именно умение по возможности предотвратить критические провалы, но проявлять толерантность к самому факту «неидеальности» работы подчиненного, смелость взять на себя ответственность за результат и сосредоточиться на том, чтобы в следующий раз сделать работу лучше, отличают будущее высокое руководство. Такие люди умеют освобождать время для важных вещей, не страдать из-за мелочей и растить кадры — в отличие от перфекционистов, застревающих, как правило, на уровне среднего менеджмента и операционных должностей. Руководитель, который не доверяет серьезную работу подчиненным, успевает меньше и имеет гораздо более слабую команду, а значит, вряд ли будет успешно конкурировать за следующее повышение.

Переход от технической роли к руководящей

В то время как назначение на первую руководящую позицию во многом определяется успехами в определенной функциональной роли — технической финансовой, маркетинговой или производственной, — дальнейшее продвижение требует расширения рамок. Надо уметь вести кадровую политику, рассчитывать бюджеты, искать новые возможности партнерства внутри и вне своей компании, участвовать в выборе стратегии, более широкой, чем привычная функциональная составляющая. И хотя изначальная область экспертизы и опыт всегда полезны, для следующих шагов по карьере необходимо развивать иные качества. К сожалению, не все это понимают и при первом же удобном случае привычно возвращаются к знакомой роли. Наиболее продвинутые эксперты часто тяжело переживают ситуацию, когда из «главного специалиста» вдруг переходят совсем в новую и незнакомую для них роль, когда никто из нижестоящих не знает предмет так хорошо, как они. Сделать что-то самому оказывается для них проще, чем мучительно и долго учить этому других. При этом они сами недостаточно интересуются освоением принципиально других областей деятельности, недопонимая их важность или просто не испытывая интереса к нетехническим вопросам. Более того, привыкнув все понимать досконально, они ощущают дискомфорт в областях, где являются новичками. Например, выходец из отдела маркетинга чувствует себя неуверенно, обсуждая разработки, а потому старается передать слово подчиненному, как только дискуссия переходит в техническое русло. Он упускает возможность задать вопросы, восполнить пробелы в образовании, не стремится освоить нечто новое, позволяющее ему в дальнейшем принимать решения по вопросам технической стратегии. Когда дело доходит до следующего повышения, оказывается, что навыки такого руководителя по-прежнему очень однобоки, а значит, и возможности ограничены. В определенном смысле былая сильная сторона вдруг становится его слабостью.

Голос Саурона: сильная зависимость от высшего руководства

Один из персонажей «Властелина Колец» так долго пробыл наместником, что забыл даже свое имя и сам себя называл Голосом Саурона. Очевидно, что он полагался на авторитет мага куда больше, чем на свой собственный. К сожалению, нередко такая же история случается и с начальниками. Они полагаются на силу имени высшего руководства больше, чем на свое мнение, знания и авторитет. На ранних стадиях карьеры, в том числе на нижних уровнях руководства, возможность продемонстрировать, что проект спонсирован начальником более высокого уровня, часто играет на руку. Однако по мере продвижения по карьерной лестнице настоящий лидер должен больше полагаться на свой собственный авторитет. Это требует куда больше смелости и труда, чем постоянная отсылка к чужому мнению. Авторитет зарабатывается не только прямыми результатами работы, но и умением разрешать конфликты, принимать непростые решения, смелостью в отстаивании своей позиции, воспитанием команды, пользующейся уважением коллег, и другими действиями, требующими мужества и оправданного риска, а не ссылками на мнение вышестоящих по корпоративной лестнице. «Именем его» куда легче разрешать конфликты или склонять людей на свою сторону, однако со временем руководитель, не имеющий собственной позиции и авторитета, становится не более чем «голосом Саурона». При первой же возможности его коллеги будут обращаться непосредственно к высшему начальству в обход того, кто лишь транслирует чужое мнение.

Репутация лидера, человека, пользующегося авторитетом и уважением коллег, подчиненных и начальства, как правило, складывается годами. Она играет все более и более важную роль при возрастании ответственности, объема бизнеса и количества подчиненных. Несколько раз я сталкивалась с начальниками, которых за глаза называли «титулованными помощниками». Часто благодаря первоначальному спонсорству высокого лица в компании им удавалось единовременно продвинуться, но дальнейшее построение самостоятельной карьеры шло медленно, и между повышениями проходило много лет.

Избегание конфликтов

Умение работать и поддерживать хорошие отношения с коллегами всегда ценится как залог продуктивной рабочей атмосферы. Однако чем выше вы поднимаетесь по карьерной лестнице, тем более неизбежны конфликты. В то время как первые несколько уровней руководства любой функцией в основном сконцентрированы на повседневных оперативных задачах, более высокие позиции подразумевают участие в выборе стратегии. Вопросы о том, на какую технологию поставить или какие вложения сократить, чтобы высвободить средства для новых инвестиций, не имеют однозначного решения. У каждого варианта есть позитивные и негативные стороны, каждый сопряжен с риском, и разные руководители оценивают его по-разному. Конфликт часто становится неизбежной частью процесса стратегического планирования, а значит, руководитель высшего звена должен уметь принимать и отстаивать определенную позицию в трудной политической ситуации. Это естественный ход процесса — как гласит пословица, «в споре рождается истина». Однако, к сожалению, многие начальники привыкли строить горизонтальную политику путем ухода от конфликтов. Более того, вся их предыдущая карьера приучила к тому, что, не вступая в спор сами и передавая разрешение спорных вопросов наверх, они сохранят лучшие взаимоотношения с коллегами, что со временем будет вознаграждено.

Мой собственный стиль управления всегда отличался меньшей гибкостью и большей толерантностью к наличию конфликта. Я предпочитаю вывести его на свет в явной форме и разрешить, чтобы затем быстро продвигать проект дальше, а не обходить несогласие, позволяя ему тихо тлеть. Поэтому, став руководителем более высокого звена, я достаточно спокойно относилась к тому, что некоторые мои подчиненные предпочитали не вступать в спор, когда дело касалось политически неприятных ситуаций, а приглашать меня на встречи, где ожидались серьезные дебаты. Как-то раз я оказалась на встрече по обсуждению кадрового планирования — кто станет чьим преемником в случае повышения и как лучше готовить смену. Речь зашла о человеке с чудесными профессиональными качествами, очень успешном в поддержании хороших отношений с коллегами — на мой взгляд, он был замечательным кандидатом. Каково же было мое удивление, когда более высокий руководитель, всегда положительно отзывавшийся об этом человеке в целом, высказал неожиданное мнение.

— Он избегает конфликтов. На твоей позиции приходится принимать очень непростые решения, а он от них уходит, боясь нажить врагов. Пусть продемонстрирует, что способен вступить в конфликт и принять на себя риск, отстаивая правильную позицию.

Так факторы, способствовавшие быстрому росту на ранних фазах карьеры, становятся барьером на пути дальнейшего продвижения. Некоторым поездам приходится останавливаться на полпути и менять колеса.

Недооценка своего влияния на окружающих: «бархатные перчатки»

Вспомните о своем последнем вежливом, но неприятном разговоре с начальством и представьте себе, что ровно тот же отзыв о результате вашей работы дал ваш коллега или человек, стоящий ниже вас по статусу. «В вашем плане недостаточно проработана разница мотивации различных каналов сбыта». В устах ментора или сотрудника это простая констатация факта и предположение, что дополнительная работа улучшит результат. То же самое, но сказанное руководителем, воспринимается как критика и вызывает негативные эмоции: она меня не ценит? разве она не знает, как у меня мало времени на весь проект? отразится ли эта несправедливая оценка на премии за год?

Социальная психология говорит о том, что большинство из нас склонно воспринимать слова начальства более эмоционально, чем слова равных себе. То, что в устах коллеги звучит как обычная, пусть и негативная, реплика в разговоре, в исполнении непосредственного начальства воспринимается по эмоциональному эффекту как беседа на повышенных тонах — и как крик или выражение сильного недовольства, будучи озвучено более высоким руководством. Точно так же большинству из нас более приятна похвала от вышестоящих, чем от равных, — она лучше запоминается и, как правило, лучше мотивирует, чем критика.

Именно поэтому руководителей часто учат «надевать бархатные перчатки»: снижать тон и напор критики и не забывать хвалить за хорошую работу. Это совсем не значит, что плохое качество проделанной работы должно оставаться незамеченным. Однако в случае беседы с подчиненным, особенно если между вами несколько уровней иерархии, а следовательно, вашим словам придается еще большее значение, правильно заданный вопрос или спокойный комментарий мотивируют сотрудника лучше, чем агрессивная критика.

Та же самая мысль, например о непроработке каналов сбыта, может быть выражена более мягко. Например, достаточно задать вопрос: «А как вы предлагаете мотивировать интеграторов?» Сотрудник задумается, увидит недоработку, но не почувствует себя публично критикуемым старшим по должности. Если же предварить вопрос похвалой, то желание восполнить пробел только возрастет. Например: «Мне кажется, этот проект имеет очень большие потенциальные возможности и вы очень хорошо продумали вопрос позиционирования. А как вы предлагаете мотивировать интеграторов?» Как правило, в этом случае человек будет с большим энтузиазмом готовиться к следующей встрече, а не обдумывать, как ему надоели вы, компания и ненормированный рабочий день.

Людям, привыкшим быть прямыми в спорах, «бархатные перчатки» даются нелегко. Я знаю многих руководителей, годами привыкающих аккуратно дозировать негативные отзывы. Но те, кто осваивает «бархатные перчатки», как правило, имеют очень хорошую репутацию в компании и привлекают в свою команду более сильных специалистов.

Излишние проявления амбициозности

Трудный маршрут невозможно пройти, не поставив перед собой цели, — иначе непонятно, как не сойти с дороги на первом же сложном участке. На ранних стадиях карьеры амбициозность — это именно постановка целей и готовность их добиваться. Люди, рано определившиеся с тем, чего они хотят в жизни, и готовые потратить лишнее время и силы, чтобы выделиться из толпы и дойти до своей цели, вызывают уважение. Внешние признаки амбициозности — заявление о своем желании получить повышение, готовность к дополнительной работе и учебе, способность к риску и неожиданным шагам — как правило, поощряются начальством по целому ряду причин. Во-первых, многие руководители сами принадлежат к той же категории и им легче работать с теми, чьи мотивы поведения им близки и понятны. Во-вторых, начальству импонирует высокая производительность труда таких сотрудников — то, что приближает их к заветной цели, вызывает у них интерес и желание работать, даже если придется потратить больше времени на дополнительный проект. В-третьих, амбициозные люди готовы улучшать себя и свой стиль, а значит, конструктивнее реагируют на критику, что упрощает жизнь руководителя. Такие специалисты быстрее учатся видеть в негативных отзывах не попытку их принизить, а, наоборот, способ помочь им нечто улучшить в работе и скорее вырасти. В-четвертых, люди с высокими амбициями, как правило, подвержены духу соревнования — стараются выделиться из толпы, чтобы получить повышение, и более агрессивны в борьбе с конкурентами компании. А это тоже положительно влияет на результаты работы всего подразделения.

Но чем дальше сотрудника повышают, чем меньше начальства остается «сверху», тем важнее становятся его или ее взаимоотношения с другими руководителями того же ранга. И вот тут-то амбиции и дух соревнования играют со многими злую шутку: качества, раньше позволявшие продвинуться, превращаются из актива в пассив. Те, кто стремится выделиться слишком агрессивно, очень быстро оказываются без поддержки и альянсов. Равные им по статусу лидеры тоже были когда-то амбициозными и усердными новичками — им не занимать ни желания добиться своих целей, ни умения работать над новыми проектами, ни усердия в изучении новых областей. Но те из них, кто помимо «драйва», воли к успеху обладает умением не выпячивать свои амбиции, а сплотить других лидеров вокруг своих проектов или помочь коллегам, получают преимущество.

Как-то раз мне пришлось работать с одним из руководителей среднего звена, назовем его А., обладавшим немалым количеством талантов. Он был чрезвычайно трудолюбив, подкован технически и прекрасно разбирался в нюансах бизнеса. Тем не менее во время представления отчета по совместному проекту А. не мог ограничиться блестящей презентацией своей части. Он норовил вставить слово в каждый из остальных докладов, первым бросался отвечать на каждый вопрос главы дивизиона, обращенный к другому докладчику. Словом, пытался затмить всех в команде. Со временем его перестали приглашать в крупные проекты. Я также заметила, что его новый начальник перестал включать А. в команду руководителей, докладывающих о ходе дел. Подозреваю, что чувство дискомфорта, которое испытывали коллеги, «срезанные» восходящей звездой при попытке ответить на вопрос руководства, наконец перевесило вклад А. в совместную работу. То, что помогало ему выделиться на ранних стадиях карьеры, превратилось в серьезный барьер для дальнейшего прогресса.

Корпоративная карьера строится десятилетиями, и было бы наивно предполагать, что человек начинает путь и проходит всю дистанцию, не меняясь. По мере продвижения вверх мы приобретаем новые качества, в том числе пересматриваем стиль управления и поведения, лучше приспосабливая его к условиям, меняющимся на каждом витке.

Заключение

Вряд ли кто-то, начиная карьеру в XXI веке, полагает, что высокий профессиональный уровень и хорошие результаты — это единственное, что ему понадобится для продвижения вверх. В отличие от традиций столетней давности сегодня каждый человек сам несет ответственность за свою карьеру, не полагаясь в этом на руководство компании. Первое, что необходимо сделать для достижения успеха на этом пути, — это осознать необходимость планирования карьеры и возможностей, которые для этого существуют в современном корпоративном мире, от менторов и тренеров до легкости в заведении и поддержании экосистемы деловых связей. Как сформулировала моя коллега, после нашей первой менторской сессии она поняла главное: о своих целях, амбициях, путях их достижения и карьерном планировании можно и нужно говорить.

Второе, что необходимо сделать, — это определиться в том, в какой области вы хотите продвинуться, какой путь выбрать и каких целей достичь. К этому анализу необходимо периодически возвращаться — и для того, чтобы уточнить цели, нередко меняющиеся с годами, и чтобы свериться с картой: в том ли направлении и с нужной ли скоростью вы продвигаетесь? Хорошая карьера — это долгосрочный проект на несколько десятилетий, а потому неудивительно, что время будет вносить в него свои поправки: не зря говорят, что жизнь — это то, что происходит, пока мы строим планы. И как любой долгий путь, она требует периодов отдыха, расчета нагрузки, сопровождается планированием и периодическим пересмотром маршрута, в частности, аналитического подхода к выбору рабочих позиций.

Бенджамен Дизраели говорил: «Жизнь слишком коротка, чтобы быть незначительной». Если вы решили поставить перед собой карьерные цели, не стесняйтесь своих амбиций — ни пол, ни акцент, ни происхождение не должны стать внутренним лимитирующим фактором для ваших планов. Но хотя само по себе происхождение не ограничит продвижение по карьере, нередко оно порождает поведение и привычки, над которыми придется поработать, особенно оказавшись в условиях нового социума и чужой языковой среды.

Карьерный и профессиональный рост потребует получения образования в ряде бизнес-дисциплин, а также навыков в таких областях, как управление и взаимоотношения с людьми, понимания, как устроена и функционирует организация, ее формальных и неформальных законов. Существует много способов получить такие навыки, от MBA до менторских программ и активного нетворкинга. Управление собственным временем и стрессом позволит не просто находить на них время, но и сделать их неотъемлемой частью повседневного рабочего процесса.

Там, где люди работают, возникают отношения с коллегами, порой сопряженные с немалыми трудностями. Там, где создана иерархическая структура, появляется необходимость выстраивать общение с начальником. Порой эти отношения складываются нелегко, возникают конфликты, связанные как с непрофессиональным поведением других людей, так и с организационным устройством — «хорошими людьми в плохой структуре». Умение увидеть объективные проблемы, а не «трудных людей», научиться их решать, придерживаясь «высокого пути», не опускаясь до мелочности и негатива, во многом критично для продвижения по карьере. Чем выше мы поднимаемся по внутренней иерархии компании, тем больше самостоятельности от нас ожидают в управлении конфликтной ситуацией и тем большее значение приобретает наша репутация.

Выход на более высокий уровень иерархии часто сопровождается необходимостью пересмотреть свой стиль управления и ведения дел. Нередко то, что работало раньше на наше продвижение, становится тормозом, а со временем и препятствием, появляется необходимость освоения новых навыков и манеры поведения.

Как и всякая работа с людьми и вечно изменяющимся рынком, корпоративная карьера замечательна своей непредсказуемостью. Каждый день приносит новые проблемы, и далеко не все из них удается решить. Тем не менее воспитание рефлексии и привычки анализировать мотивы человеческих поступков, наработка методов решения типичных проблем — как в профессиональной сфере, так и в людских взаимоотношениях, выбор «высокой дороги» и практический опыт помогут во многих ситуациях. Как говорил герой сказки Киплинга, «Мы одной крови, ты и я. Доброй тебе охоты!».

Накануне Дня благодарения к нам в камин забралась белка, где ее и обнаружил наш кот Кир. От возбуждения Кир взял нашу спальню штурмом, притормозил у кровати и взлетел на одеяло. Я погладила его по мягкой шее и уснула, муж пожелал коту сгинуть во избежание неприятностей. Отчаявшись, кот отправился караулить белку в одиночестве.

Первый день отпуска дома разочаровывает. Дела-междометия, сами собой успевающиеся в обычные дни, например поездка в библиотеку, раздуваются в объеме и заполняют утро. Я плохо перестраиваюсь на неспешный ритм и отсутствие расписания по получасовым интервалам. Отпуск был взят от отчаянного желания на время забыть о преследовавшей меня проблеме, но отрешиться от нее не удавалось: в пробке, в очереди к кассе, за рулем прокручивались в голове сценарии. То ответ Д. С., директору большего по размеру отдела, пытавшегося поглотить мою независимую группу и досаждавшего запросами, то резкая реплика начальнику М., не прикрывавшему меня от этих попыток.

Только к полудню, вернувшись из магазина с ворохом пакетов, я обратила внимание на неотлучно сидящего у стекла камина Кира.

— Кто это у нас, как Нарцисс, в зеркало смотрится? — В сетку внутренних каминных дверок впились страшные длинные когти, сверху свисал грязный серый хвост.

Я начала со звонка мужу.

— У нас в камине белка! Нет, я не шучу — я боюсь, а вдруг она дохлая? Белка, однако, оказалась живой, перепуганной и необыкновенно прыгучей. Заехавший домой в обед муж попытался поймать несчастную в коробку, но лишь загнал ее на полочку внутри трубы. Слезать белка оттуда явно не собиралась.

Вернувшись в офис, подальше от моих вздохов и назойливых предложений помощи со стороны кота, муж досконально изучил вопрос по Интернету. Белка, выскочившая из камина в дом, производит массу разрушений, может переносить заразу и прокусывать любые рукавицы. Существуют компании, продающие специальные непрокусываемые рукавицы и двухсотдолларовые аппараты по отлову белок из камина.

Экстренное совещание группы программирования торговой системы для Нью-Йоркской биржи пришло к консенсусу: мне следует позвонить в Службу контроля животных. Лучшая часть отпускного понедельника все равно пропала, и я послушно нашла номер в «желтых страницах». Окна посерели, вылезать из кресла до приезда контроля не хотелось, равно как и читать, варить кофе и, вообще говоря, жить. Проверка сообщений на рабочем номере оказалась ошибкой. Д. С. обнаружил, что наша рекламная кампания для разработчиков лекарств не соответствовала корпоративному формату: нет лозунга «Играй, чтобы выиграть!». Два крика о помощи от подчиненных, отчаявшихся объяснить Д. С., почему химики и биологи не считают разработку лекарств игрой. Наивно-деловой, как ни в чем не бывало, вопрос М. о том, почему же мы не используем «Играй, чтобы выиграть!» и не возражаю ли я против того, чтобы быстренько написать объяснение. Корпоративный отдел рекламы с оттенком карцера в голосе: наши секретарши выбирают для нас время встречи, как только я выйду из отпуска.

— Ваш почтовый ящик полон. Вам следует уничтожить лишние сообщения.

Контроль прислал доброго и тормознутого толстяка с сачком, крюком и сеткой. Наглая белка, которая к моменту его приезда уже спустилась с полочки и деловито вила гнездо из стекловаты в углу камина, тут же взлетела обратно — туда, где ни сачок, ни крюк, ни сетка не помогали. Толстячок покряхтел и поводил фонариком.

— Там все серое. Ее плохо видно на сером фоне, — укоризненно сообщил он, кладя невыключенный фонарик на пол.

— Это пепел, — почему-то я пыталась извиниться. — Я не могу его вычистить, не открывая дверок, но тогда белка непременно выпрыгнет.

Толстяк присел перед камином и застыл, посвечивая фонариком в угол, где теплоизоляция уже приняла уютную форму гнезда.

— У вас раньше такого не случалось? — испугалась я.

— Регулярно, мэм, — философски произнес толстяк, глянул на попискивающий пейджер и отбыл. На прощание он посоветовал заменить чугунные козлы для дров на большую коробку, чтобы белка в нее слезла, когда устанет сидеть на полочке.

Иногда в трубе раздавались таинственные скребки и шорохи. Через пару часов стало абсолютно ясно, что коробка белку не интересует. Сталкиваясь у холодильника, мы приветствовали друг друга вопросом «Ну как?», словно в доме появился тяжелобольной.

Позвонил друг-профессор, и в ответ на вежливое «как дела?» я с отчаянным занудством изложила историю белки.

— А может, ее и не надо решать, эту проблему? — спросил профессор. — Не у всех проблем есть решение. Вы лучше разберитесь, как она к вам попала. Может, у вас там кирпич наверху трубы выпал, и надо не просто белку выгонять, а трубу чинить, а то так и будете каждую неделю коробки ставить. Попробуйте сначала просто подождать — у моих знакомых птица забралась, но сама выбралась. Конечно, каждая проблема уникальна, но иногда опыт помогает найти выход. — Мне показалось, что он говорил уже не о белке.

Может, у проблемы действительно нет решения. Может, надо поискать другую работу, но ведь это означает оставить свою группу Д. С., где, в общем-то, ей и положено быть по новому организационному дизайну. То ли в предвкушении, то ли в качестве психологической атаки он уже прибавил мое имя к списку подчиняющихся ему начальников групп, что ни день — очередной циркуляр.

Может, и нет решения. Сколько дней может белка прожить без воды и пищи? Как разжигать камин на День благодарения? Кир вспрыгнул на диван и потерся о запястье шелковистым затылком — на рукаве свитера остались длинные черные шерстинки.

— Мы проведем исследование, — муж появился в дверях гостиной с мокрой тряпкой в руках. Чиркнул спичкой. Тряпка долго не принималась, потом завоняло неприятным, гниловатым дымом. Кот прошмыгнул в столовую, стараясь держаться вблизи, но на безопасном расстоянии, гарантирующем побег.

— Если она еще там, то зашебуршится.

— А если задохнется?

— Упадет в коробку, и мы выпустим ее наружу.

Мы проведем исследования... Прикинув в уме список подчиненных в другом временном поясе, я набрала телефон Р.

— Открывай заказ на фокус-группы. Результаты исследования объективны: либо мы выиграем, опираясь на факты, либо сами что-то недосчитали, покаемся и переделаем.

И фокус-группы подтвердили, что мы знали свою аудиторию. Корпоративный отдел дал нам послабление и независимость в проведении кампаний. Вскоре я нашла способ не переводить группу в подчинение Д. С., а затем и он сам попал под понижение в ходе реорганизации.

А белка исчезла из камина — наверное, выбралась через трубу так же, как и попала в нее.

Не все проблемы стоит решать, некоторые уходят сами, но иногда, опираясь на опыт и проанализировав ситуацию, можно найти выход.

Об авторе

Инна Кузнецова — единственный вице-президент русского происхождения в штаб-квартире IBM. На данный момент Инна отвечает за маркетинг и поддержку продаж системного программного обеспечения, а также руководит подразделениями, отвечающими за бизнес IBM в Linux и технологии виртуализации во всем мире.

Инна начала работу в IBM в России в 1993 году и с 1997 года работает в США. С 2006 года занимает позиции в ранге executive, специализируется на областях высокого роста, вывода компании на новые рынки и слиянии компаний.

Инна окончила ВМК МГУ и программу МВА в Колумбийском университете США.

Она является «тысячником» Живого журнала, где с 2003 года ведет блог http://karial.livejournal.com. Ее посты неоднократно входили в топ-рейтинги блогосферы.

На счету Инны многочисленные интервью российской прессе по профессиональным и карьерным вопросам, а также выступления на «карьерных» «круглых столах» в IBM и в Колумбийском университете.

**Максимально полезные
книги от издательства
«Манн, Иванов и Фербер»**

Об издательстве

Как все начиналось

Мы стартовали в июне 2005 года с двумя книгами. Первой стала «Клиенты на всю жизнь» Карла Сьюэлла, второй — «Маркетинг на 100%: ремикс». «Доброжелатели» сразу же завертели пальцами у виска: зачем вы выходите на этот рынок? Вам же придется бороться с большими и сильными конкурентами!

Отвечаем. Мы создали издательство, чтобы перестать переживать по поводу того, что отличные книги по бизнесу не попадают к российским читателям (или попадают, но не ко всем и зачастую в недостойном виде). Весь наш опыт общения с другими издательствами привел нас к мысли о том, что эти книги будет проще выпустить самим.

И с самого начала мы решили, что это будет самое необычное издательство деловой литературы — начиная с названия (мы дали ему наши три фамилии и готовы отвечать за все, что мы делаем) и заканчивая самими книгами.

Как мы работаем

— Мы издаем только те книги, которые считаем самыми полезными и самыми лучшими в своей области.

— Мы тщательно отбираем книги, тщательно их переводим, редактируем, публикуем и активно продвигаем (подробнее о том, как это делается, вы можете прочитать на сайте нашего издательства mann-ivanov-ferber.ru в разделе «Как мы издаем книги»).

— Дизайн для наших первых книг мы заказывали у Артемия Лебедева. Это дорого, но красиво и очень профессионально. Сейчас мы делаем обложки с другими дизайнерами, но планка, поднятая Лебедевым, как нам кажется, не опускается.

Мы знаем: наши книги помогают делать вашу карьеру быстрее, а бизнес — лучше.

Для этого мы и работаем.

С уважением,
Игорь Манн,
Михаил Иванов,
Михаил Фербер

Предложите нам книгу!

Когда я не умел читать на английском бегло, я часто думал: «Как много я пропускаю! Какое количество книг выходит на английском языке и как ничтожно мало издается на русском!»

Потом я научился читать на английском, но проблемы мои не закончились. Я не умел читать на немецком, японском, китайском, итальянском, французском языках... И мимо меня проходило (и проходит) огромное количество хороших деловых книг, изданных на этих и других языках. И точно так же они проходят мимо вас — я не думаю, что среди нас много полиглотов.

Потом вышла моя книга «Маркетинг на 100%», где в одном из приложений были опубликованы рецензии на более чем 60 лучших, на мой взгляд, книг из тех 300, которые я прочитал на английском. Издательства деловой литературы начали издавать их одну за другой — и ни слова благодарности, ни устно, ни письменно.

Теперь я сам немного издатель. Поэтому хочу обратиться к таким же активным читателям, как я. Предложите нам хорошую книгу для издания или переиздания!

Мы вам твердо обещаем три вещи

— Во-первых, если книга стоящая — деловая и максимально полезная, то мы обязательно издадим или переиздадим ее (если права на нее свободны).

— Во-вторых, мы обязательно укажем — КРУПНЫМИ БУКВАМИ, кем она была рекомендована. Читатели должны знать, кому они обязаны тем, что у них в руках отличная книга.

— В-третьих, мы подарим вам 10 экземпляров этой книги, и один будет с нашими словами благодарности.

И если вы хотите проверить твердость наших обещаний, то заполните, пожалуйста, специальную форму на нашем сайте mann-ivanov-ferber.ru

Мы ждем!

Игорь Манн

Где купить наши книги

Из первых рук, то есть в издательстве

На нашем сайте mann-ivanov-ferber.ru вы всегда можете заказать книги по ценам издательства. Доставку книг осуществляет наш партнер — книжный бутик *Boffo!* (boffobooks.ru).

Специальное предложение для компаний

Если вы хотите купить сразу более 20 книг, например, для своих сотрудников или в подарок партнерам, мы готовы обсудить с вами специальные условия работы. Для этого обращайтесь к нашему менеджеру по корпоративным продажам: (495) 792-43-72, b2b@mann-ivanov-ferber.ru

В городах России

В перечисленных ниже торговых точках вы всегда найдете большинство наших книг, но во избежание разочарований, пожалуйста, уточняйте наличие желаемого издания по телефонам или на сайтах магазинов.

Москва

- *Москва*, ул. Тверская, 8; (495) 629-64-83, moscowbooks.ru
- *Библио-Глобус*, ул. Мясницкая, 6/3, стр. 1; (495) 781-19-00, biblio-globus.ru
- *Московский дом книги*, ул. Новый Арбат, 8; (495) 789-35-91, mdk-arbat.ru
- *Молодая гвардия*, ул. Большая Полянка, 28; (495) 780-33-70, bookmg.ru
- *Республика*, ул. Тверская-Ямская, 10; (495) 251-65-27
- *Дом книги «Медведково»*, Заревый пр-д, 12; (495) 476-16-90, bearbooks.ru
- сеть магазинов *Новый книжный*. Адрес центрального магазина: Сухаревская М. пл., 12 (ТЦ «Садовая Галерея»); www.nk1.ru
- сеть магазинов *Читай-город*. Адрес центрального магазина: Ордынка Б., 21, стр. 1; www.chitai-gorod.ru
  Единая справочная обеих сетей: 8-800-444-8-444
  (звонок по России бесплатный).

Санкт-Петербург

- сеть магазинов *Буквоед*. Адрес центрального магазина: Лиговский пр-т, 10 (в здании гостиницы «Октябрьская»); (812) 601-0-601, bookvoed.ru
- *Санкт-Петербургский дом книги*, Невский пр-т, 28 (дом Зингера); (812) 448-23-55, spbdk.ru
- *Дом книги на Невском*, Невский пр-т, 62; (812) 318-65-46
- *Дом деловой книги*, Лиговский пр-т, 99; (812) 764-50-69

Новосибирск
— *Book-Look*, Красный пр-т, 29
— *Сибирский дом книги*, Красный пр-т, 153; (383) 226-62-39
— *Экор-книга*, ул. Советская, 13; (383) 223-35-20, ecor-kniga.ru

Нижний Новгород
— *Дом книги*, ул. Советская, 14; (8312) 46-22-92
— *Деловая книга*, ул. Ковалихинская, 33; (8312) 19-84-76
— сеть магазинов *Бизнес-книга*. Адрес центрального магазина:
  ул. Большая Покровская, 63; (8312) 33-02-91, home.mts-nn.ru
— сеть магазинов *Дирижабль*, ул. Большая Покровская, 46;
  (8312) 34-03-05

Самара
— сеть магазинов *Чакона*. Адрес центрального магазина:
  Московское ш., 15 (ТК «Фрегат»), 3-й этаж; (846) 331-22-33, chaconne.ru

Красноярск
— интернет-магазин *Полка*, kraspolka.ru

Сыктывкар
— *Сила ума*, ул. Первомайская, 62 (комплекс «Торговый двор»), 6-й этаж, блок Б;
  (8212) 39-12-66, 29-14-06, sila-uma.ru
— *Книга за книгой*, ул. К.Маркса, 182; ул. Огородная, 6; пр-т Бумажников, 37а,
  Сысольское ш., 11 (гипермаркет «Город мастеров»)

Южно-Сахалинск
— магазин книг и подарков *BookLee*, ул. 2-я Центральная, 1-Б (ТЦ «Сити-Молл»),
  3-й этаж; ул. Есенина, 1 (ТЦ «Гранд»), 2-й этаж

На Украине

Интернет-магазины
— *Книжный бутик OlmaxBooks*, olmaxbooks.com.ua;
  шоу-рум: Киев, 6-р Леси Украинки, 34, оф. 403
— *Бизнес-книга*, business-kniga.com.ua
— *Магазин деловой литературы*, kniga.biz.ua
— *Магазин бизнес-литературы*, elite.bz,
— *Бамбук*, shop.bambook.com,
— *Лавка Бабуин*, lavkababuin.com,
— *Петровка*, Petrovka.ua

Киев
— кафе *Антресоль*, 6-р Тараса Шевченко, 2
— *Книжковий супермаркет*, Московский пр-т, 6; ул. Луначарского, 10
— супермаркет *Буква*, пл. Майдан Незалежности, ТЦ «Глобус», 1-я линия
— книжный рынок «*Петровка*», ряд Т, место 17Т, ст. м. «Петровка»

Днепропетровск
— *Книжковий супермаркет*, Театральный 6-р, 3
— *Эмпик*, ул. К. Маркса 67Д (ТЦ «Гранд Плаза»)

Одесса
— *Книжковий супермаркет*, ул.Бунина, 33

В Белоруссии

— интернет-магазины *Oz.by, Lit.by, Vilka.by, Likbez.by*

Минск

— книготорговая компания *Делсар*, 1-й Измайловский пер., д. 51/1, 2-й этаж; (+375 17) 293-39-75, 76, sales@lit.by

— магазин издательств «Амалфея» и «Дикта», ул. Кальварийская, 62; (+375 17) 204-10-98, amalfea-dicta@yandex.ru

— официальный торговый представитель издательства — «Бизнес-книга VIP»; (+375 29) 180-50-32), elnest@tut.by

В Казахстане

— интернет-магазин FLIP.kz

Алма-Ата

— сеть магазинов *Экономик'c*. Адрес центрального магазина: ул. Наурызбай батыра, 7а; (3272) 33-20-67, economix.kz

В других странах

Доставку по всему миру осуществляет интернет-магазин *Ozon.ru*

Книготорговым организациям

Если вы оптовый покупатель, обратитесь, пожалуйста, к нашему партнеру — Торговому дому «Эксмо», который осуществляет поставки во все книготорговые организации. Телефон: (495) 411-50-74, email: reception@eksmo-sale.ru

Наши электронные книги

Теперь легально!

Жизнь изменилась. Многим теперь удобнее не носить с собой бумажную книгу, а загружать целые электронные библиотеки в телефон, КПК или ноутбук и читать по мере надобности то одно, то другое.

Нам нравится этот новый мир, и многие наши книги вы можете купить в электронной форме. Помимо того что они невесомы, они еще и значительно дешевле бумажных: на сегодня их цена составляет всего лишь от 39 до 159 рублей!

Мы продаем наши книги через «Литрес» (litres.ru), OZON.ru, www.imobilco.ru и другие магазины. Некоторые наши аудиокниги можно также приобрести на портале Soundkey.ru.

Актуальный список наших книг, доступных в электронном виде, вы всегда найдете на mann-ivanov-ferber.ru/ebooks. Теперь ваша обширная деловая библиотека всегда будет с вами.

Если вы хотите купить цифровую библиотеку для своей компании, то свяжитесь с Михаилом Ивановым:
ivanov@mann-ivanov-ferber.ru

Мы в Facebook!

Присоединяйтесь к нам в Facebook! Все самое интересное из первых рук: http://www.facebook.com/mifbooks

Для новых идей

Для новых идей

Кузнецова Инна Анатольевна

Вверх!
Практический подход к карьерному росту

Ответственный редактор *Юлия Потемкина*
Редактор *Лейла Мамедова*
Дизайн *Наталья Савиных*
Верстка *Екатерина Матусовская*
Корректоры *Римма Болдинова, Юлиана Староверова*

Подписано в печать 15.11.2010.
Формат 60×90 $^1/_{16}$. Гарнитура Миньон.
Бумага офсетная. Печать офсетная.
Усл. печ. л. 15,0.
Тираж 3000. Заказ 2738

ООО «Манн, Иванов и Фербер»,
mann-ivanov-ferber.ru
ivanov@mann-ivanov-ferber.ru

Отпечатано в ОАО «Типография «Новости»
105005, Москва, ул. Фридриха Энгельса, 46

КПЧ книги

У Игоря Манна есть своя формула расчета полезности деловой книги — некий КПЧ (коэффициент полезности чтения). Чтобы найти его, нужно разделить число полезных для вас идей книги на общее число страниц в ней.

Как сосчитать полезные идеи? Наткнувшись в тексте на интересную мысль, факт, пример, которые можно применить в работе, ставим галочку напротив, а в конце книги записываем номера полезных страниц.

Вот, например, конспект одной из наших книг: 10, 11, 16, 17, 18, 28, 54, 57, 61, 68, 74, 88, 90, 91, 92, 93, 104, 105, 106, 107, 108, 109, 110, 114, 115, 119, 121, 126, 132, 137, 139, 146, 154, 161, 169, 175, 184, 186, 187, 198.

Итого: 40 страниц — 40 идей (может быть и больше, так как на одной странице может быть несколько идей). Общее число страниц в книге, не считая рекламных, — 206; следовательно, КПЧ = 40/206 = 19%.

Книги с КПЧ выше 15% достойны того, чтобы остаться в домашней библиотеке.

Чтобы вам было удобно определять КПЧ, мы создали специальную оценочную страницу (см. на обороте). Здесь же вы можете записать собственное мнение о книге и дать ей оценку.

Попробуйте — может, и вам придется по душе такая модель.

Дата начала чтения   Дата окончания чтения   Общее число страниц

Номера полезных страниц

КПЧ книги *(см. на обороте)*

Мое мнение о книге

Моя оценка: 1   2   3   4   5

(обвести или подчеркнуть)

Хотите видеть ваш логотип на обложках лучших деловых книг?

Мы предлагаем вашей компании выступить партнером издания максимально полезной деловой книги. Это нестандартный маркетинговый ход: вы получаете прекрасный подарок для ваших клиентов, продвижение в бизнес-среде читателей, являющихся потенциальными клиентами, а также возможность создания собственной корпоративной библиотеки.

Возможные варианты сотрудничества перечислены ниже.

1. **Поддержка выхода основного тиража**

   В пакет партнера издания входят:
   — логотип вашей компании на первой или четвертой странице обложки (переплета) либо суперобложки;
   — отзыв о книге представителя вашей компании на первой странице обложки (переплета) либо суперобложки;
   — предисловие представителя вашей компании;
   — 25 экземпляров книги бесплатно;
   — скидка 25% от цены на сайте издательства при покупке дополнительных книг;
   — ссылка на сайт вашей компании в описании книги на сайте издательства.

2. **Спецтираж**

   Если вам нужно 300 книг и более, мы можем предложить вам специальный тираж.
   Ваши маркетинговые элементы в этом случае включают:
   — предисловие к книге;
   — поздравление или обращение к клиентам на обложке;
   — страницу рекламы внутри книги;
   — обложку (или переплет) в вашем дизайне, который вы можете разработать сами или поручить нам.

3. **Ваши суперобложки**

   Если вам требуется от 100 экземпляров готовых книг, мы оденем их в суперобложки со специальным оформлением, которое включает:
   — поздравление или обращение от имени руководства компании, а также логотипы;
   — фиксацию суперобложки на книге (по желанию).